미래와 통[하는]

# 동양북스
# 베스트 도서

## 700만 독자의 선택!

# 새로운 도서, 다양한 자료 동양북스 홈페이지에서 만나보세요!

www.dongyangbooks.com
m.dongyangbooks.com

※ 학습자료 및 MP3 제공 여부는 도서마다 상이하므로 확인 후 이용 바랍니다.

## 홈페이지 도서 자료실에서 학습자료 및 MP3 무료 다운로드

### PC

❶ 홈페이지 접속 후 도서 자료실 클릭
❷ 하단 검색 창에 검색어 입력
❸ MP3, 정답과 해설, 부가자료 등 첨부파일 다운로드
  * 원하는 자료가 없는 경우 '요청하기' 클릭!

### MOBILE

* 반드시 '인터넷, Safari, Chrome' App을 이용하여 홈페이지에 접속해주세요. (네이버, 다음 App 이용 시 첨부파일의 확장자명이 변경되어 저장되는 오류가 발생할 수 있습니다.)

❶ 홈페이지 접속 후 ☰ 터치

❷ 도서 자료실 터치

❸ 하단 검색창에 검색어 입력
❹ MP3, 정답과 해설, 부가자료 등 첨부파일 다운로드
  * 압축 해제 방법은 '다운로드 Tip' 참고

시니어에듀

# 영어 하기 딱 좋은 나이!

# senior 여행 영어

김미혜, 제이슨 박, Christie Cho, 최은서, Samantha Kang 지음

📖 동양북스

senior
여행 영어

초판 인쇄 | 2024년 5월 15일
초판 발행 | 2024년 5월 25일

지은이 | 김미혜, 제이슨 박, Christie Cho, 최은서, Samantha Kang
발행인 | 김태웅
책임편집 | 김상현
디자인 | 남은혜, 김지혜
일러스트 | 조은정
마케팅 총괄 | 김철영
온라인 마케팅 | 김은진
제작 | 현대순

발행처 | (주)동양북스
등   록 | 제2014-000055호
주   소 | 서울시 마포구 동교로22길 14 (04030)
구입 문의 | 전화 (02)337-1737  팩스 (02)334-6624
내용 문의 | 전화 (02)337-1762  dybooks2@gmail.com

ISBN   979-11-7210-040-7   13740

## 머리말

# 『영어 하기 딱 좋은 나이! 시니어 여행 영어』
# 여행을 더 즐겁게 만드는 동반자!

100세 시대를 맞이하며, 나이로만 따지는 장수의 개념은 더 이상 주목받지 않습니다. 대신 얼마나 열정적으로 건강하게 인생을 즐기는지가 더 중요시되고 있습니다. 이른바 '액티브 시니어'의 시대가 열리고 있으며, 이 트렌드를 중심으로 시니어 분들도 새로운 문화를 경험하고 즐기기 위해 해외로 나아가는 경우가 늘어나고 있습니다. 그러나 여전히 언어 장벽은 여행을 즐기는 데 큰 난관으로 다가올 수 있습니다.

이에 본 책은 해외여행 중에 맞이할 수 있는 다양한 상황에서 유용한 영어 회화 표현들을 담아 시니어 분들의 여행을 보다 즐겁고 원활하게 만들어 드리고자 합니다. 총 12개의 챕터로 구성되어 있으며, 비행기를 타는 순간부터 입국 심사, 교통편 이용, 호텔, 쇼핑, 외식, 귀국 항공편 이용 등 다양한 상황을 다루고 있습니다.

시중에 어린이, 학생, 청장년층을 위한 영어 회화 교재가 많은데 반해 시니어 분들을 위한 영어 회화 교재가 많지 않아 본 책을 제작하게 되었습니다. 시니어 분들께서도 해외여행을 즐기며 새로운 경험을 만들어 나가는 데 언어적인 장벽이 없도록 이 책이 도움이 되기를 기대합니다. 실제 현지인들과 소통하며 함께 경험하는 여행은 수동적이고 일방적인 기존 패키지 투어와는 달리 풍부한 경험을 제공할 것입니다.

『영어 하기 딱 좋은 나이! 시니어 여행 영어』가 여러분의 즐거운 여행과 학습을 함께하고 도울 것입니다. 같이 고민하고 기획에 참여해 준 김상현 과장님에게 깊은 감사를 전하며, 이 책의 완성을 함께합니다. 마지막으로, 여러분의 열정적인 도전을 늘 응원합니다!

저자 대표 김미혜 드림

#  차례

# 이 책의 구성

## 1  학습 주제 확인하기
## 8개의 필수 단어로 기본기 쌓기

챕터 주제와 대화문의 제목을 통해 오늘 배울 내용을 미리 확인할 수 있습니다. 8개의 필수 단어를 먼저 익혀 본문 학습의 기초를 마련합니다. 하단에서는 단어 학습 수준을 스스로 점검할 수 있습니다.

## 2  매 챕터별 제시되는
## 4개의 핵심문장으로 표현 확장하기

핵심 문장에 공식처럼 끼워 말하는 패턴 연습이 가능하도록 구성하였습니다. 별색 표시된 부분에 아래 예시들을 넣어서 말하면 다양한 의미의 표현들로 확장이 가능합니다.

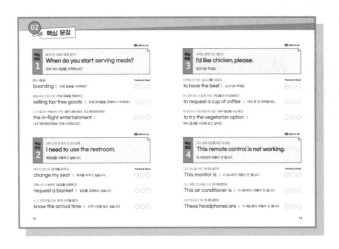

# 여행에서 겪는 다양한 상황들을
# 48개의 풍부한 대화문으로 만나 보기

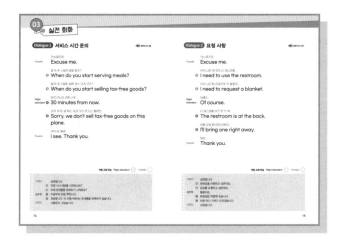

비행기 탑승에서부터 입국심사, 교통 수단, 길 찾기, 호텔, 세탁소&미용실, 쇼핑, 식당, 커피숍, 관광까지 다양한 상황에서 48개의 풍부한 대화문들을 연습하고 익힐 수 있습니다.

# 받아쓰기와 말하기 연습을 통해
# 학습 내용을 완벽히 자신의 것으로 만들기

원어민 발음을 들으면서 주요 문장들의 빈칸 채우기 연습을 합니다. 이어서 우리말만 보고 바로 영어 문장으로 번역하는 과정을 거치면서 본문 내용의 완벽한 복습이 가능합니다.

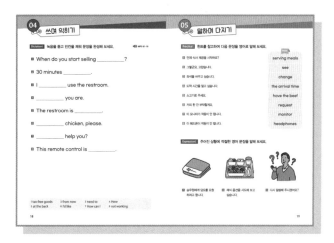

## 5. 여행 전 미리 체험하는 세계 각국의 다양한 문화

해외여행 중 그곳의 고유한 문화를 함께 이해한다면 여행의 즐거움은 배가 될 수 있습니다. 기억해 두면 여행이 즐거워 지는 정보들뿐만 아니라 나라별 반드시 주의해야 할 사항들 까지 쏙쏙 짚어서 알려 드립니다.

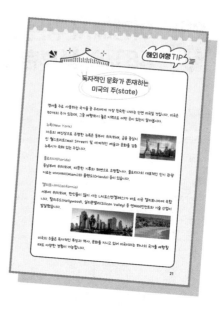

## 특별 부록

### 바로 찾아 공부하는 단어 사전

### 빠르게 찾고 쉽게 공부하세요!

필수 단어에 나오지 않은 단어들을 추가로 제시하였습니다. 매 챕터별 A~Z 순으로 나열하여 사전처럼 쉽고 빠르게 단어를 찾아 볼 수 있습니다. 원어민 발음을 들으면서 단어를 함께 익혀 보세요!

## QR코드를 활용하여 바로 듣기

❶ 휴대폰에서 QR코드리더기를 실행시켜 표지의 QR코드를 스캔합니다.

❷ 화면에 나오는 URL 주소를 누르면, MP3 듣기 페이지가 열립니다.

❸ 듣고자 하는 MP3 파일명을 찾아 누르면 음원이 재생됩니다.

## 동양북스 홈페이지에서 다운로드하기

동양북스 홈페이지(www.dongyangbooks.com)의 [도서자료실]에서
해당 도서명을 검색하시면 무료로 MP3 파일을 다운로드할 수 있습니다.

# CHAPTER
# 01 기내

# 필수 단어

MP3 01-01

설브
## serve 제공하다
serve a meal
식사를 제공하다

니드 투
## need to ~하고 싶다
I need to know the arrival time.
도착 시간을 알고 싶어요.

팔든
## pardon 뭐라고요?
I beg your pardon?
다시 말씀해 주시겠어요?

월크
## work 작동하다
This monitor is not working.
모니터가 작동이 안 됩니다.

택스 프리
## tax-free 면세
When do you sell tax-free goods?
언제 면세 물품을 판매하나요?

레스트룸
## restroom 화장실
I need to use the restroom.
화장실을 이용하고 싶어요.

베지테리안
## vegetarian 채식
I'd like to try the vegetarian option.
채식 옵션을 시도해 보고 싶어요.

리못 컨트롤
## remote control 리모콘
I can't find the remote control.
리모콘을 찾을 수가 없어요.

---

**Check!** 우리말 뜻과 알맞은 영어 단어를 이어 보세요.

1 ~하고 싶다 ● ● work
2 뭐라고요? ● ● need to
3 작동하다 ● ● serve
4 제공하다 ● ● pardon

5 채식 ● ● tax-free
6 리모콘 ● ● restroom
7 화장실 ● ● vegetarian
8 면세 ● ● remote control

# 핵심 문장

MP3 01-02

| 핵심<br>문장<br>1 | 웬 두 유 스탈트 설빙 밀즈?<br>## When do you start serving meals?<br>언제 식사 제공을 시작하나요? |
|---|---|

볼딩 (탑승)

**boarding** ㅣ 언제 탑승을 시작하죠?

Practice & Check ✓ ○ ○

셀링 택스 프리 굿즈 (면세 제품을 판매하다)

**selling tax-free goods** ㅣ 언제 면세품을 판매하기 시작하죠?

○ ○ ○

디 인 플라잇 엔털테인먼트 (음악, 영화 등의 기내 엔터테인먼트)

**the in-flight entertainment** ㅣ

기내 엔터테인먼트는 언제 시작되나요?

○ ○ ○

MP3 01-03

| 핵심<br>문장<br>2 | 아이 니드 투 유즈 더 레스트룸.<br>## I need to use the restroom.<br>화장실을 이용하고 싶습니다. |
|---|---|

체인지 마이 씻 (좌석을 바꾸다)

**change my seat** ㅣ 좌석을 바꾸고 싶습니다.

Practice & Check ✓ ○ ○

리퀘스트 어 블랭킷 (담요를 요청하다)

**request a blanket** ㅣ 담요를 요청하고 싶습니다.

○ ○ ○

노 디 어라이벌 타임 (도착 시간을 알다)

**know the arrival time** ㅣ 도착 시간을 알고 싶습니다.

○ ○ ○

핵심
문장
**3**

아이드 라잌 치킨, 플리즈.

# I'd like chicken, please.

닭고기로 주세요.

투 해브 더 비프 (소고기를 가지다)

## to have the beef | 소고기로 주세요.

투 리퀘스트 어 컵 옵 커피 (커피를 한 잔 요청하다)

## to request a cup of coffee | 커피 한 잔 부탁할게요.

투 트라이 더 베지테리언 옵션 (채식 옵션을 시도하다)

## to try the vegetarian option |

채식 옵션을 시도해 보고 싶어요.

핵심
문장
**4**

디스 리못 컨트롤 이즈 낫 워킹.

# This remote control is not working.

이 리모컨이 작동이 안 됩니다.

디스 모니털 이즈 (이 모니터가)

## This monitor is | 이 모니터가 작동이 안 됩니다.

디스 에얼 컨디셔널 이즈 (이 에어컨이)

## This air conditioner is | 이 에어컨이 작동이 안 됩니다.

디즈 헤드폰스 알 (이 헤드폰이)

## These headphones are | 이 헤드폰이 작동이 안 됩니다.

**Dialogue 1** 서비스 시간 문의  MP3 01-06

**Traveler**

익스큐즈미.
Excuse me.

Ⓐ 웬 두 유 스탈트 설빙 밀즈?
When do you start serving meals?

Ⓑ 웬 두 유 스탈트 셀링 택스-프리 굿즈?
When do you start selling tax-free goods?

**Flight attendant**

Ⓐ 떠리 미닛츠 프럼 나우.
30 minutes from now.

Ⓑ 쏘리, 위 돈 셀 택스-프리 굿즈 온 디스 플레인.
Sorry, we don't sell tax-free goods on this plane.

**Traveler**

아이 씨. 땡큐.
I see. Thank you.

역할 교체 연습  Flight attendant  ☑  Traveler  ◯

| | |
|---|---|
| 여행자 | 실례합니다. |
| | Ⓐ 언제 식사 제공을 시작하나요? |
| | Ⓑ 언제 면세품을 판매하기 시작하죠? |
| 승무원 | Ⓐ 지금부터 30분 후입니다. |
| | Ⓑ 죄송합니다. 이 비행기에서는 면세품을 판매하지 않습니다. |
| 여행자 | 그렇군요. 고맙습니다. |

## Dialogue 2  요청 사항

**Traveler**
익스큐즈미.
Excuse me.

아이 니드 투 유즈 더 레스트룸.
**Ⓐ** I need to use the restroom.

아이 니드 투 리퀘스트 어 블랭킷.
**Ⓑ** I need to request a blanket.

**Flight attendant**
옵콜스.
Of course.

더 레스트룸 이즈 앳 더 백.
**Ⓐ** The restroom is at the back.

아윌 브링 원 롸잇 어웨이.
**Ⓑ** I'll bring one right away.

**Traveler**
땡큐.
Thank you.

역할 교체 연습  Flight attendant   Traveler

| 여행자 | 실례합니다. |
|---|---|
| **Ⓐ** | 화장실을 이용하고 싶은데요. |
| **Ⓑ** | 담요를 요청하고 싶은데요. |
| 승무원 | 물론이죠. |
| **Ⓐ** | 화장실은 뒤편에 있습니다. |
| **Ⓑ** | 바로 하나 가져다 드리겠습니다. |
| 여행자 | 고맙습니다. |

# 실전 회화

## Dialogue 3  기내 식사

MP3 01-08

**Flight attendant**

두 유 원 치킨 오얼 비프?
Do you want chicken or beef?

**Traveler**

아이 백 유얼 팔든?
I beg your pardon?

**Flight attendant**

두 유 원 치킨 오얼 비프?
Do you want chicken or beef?

**Traveler**  Ⓐ

아이드 라익 치킨, 플리즈.
I'd like chicken, please.

Ⓑ

아이드 라익 투 해브 더 비프, 플리즈.
I'd like to have the beef, please.

**Flight attendant**

슈얼. 댓 윌 비 퐈인. 히얼 유 알.
Sure, that will be fine. Here you are.

**Traveler**

땡큐.
Thank you.

역할 교체 연습  Flight attendant    Traveler ⌒

| 승무원 | 닭고기로 하시겠습니까? 아니면 소고기로 하시겠습니까? |
| 여행자 | 다시 말씀해 주시겠어요? |
| 승무원 | 닭고기로 하시겠습니까? 아니면 소고기로 하시겠습니까? |
| 여행자 Ⓐ | 닭고기로 주세요. |
| Ⓑ | 소고기로 주세요. |
| 승무원 | 네, 그렇게 하세요. 여기 있습니다. |
| 여행자 | 고맙습니다. |

| | | |
|---|---|---|
| Traveler | 익스큐즈미.<br>Excuse me. | |
| Flight attendant | 하우 캔 아이 헬퓨?<br>How can I help you? | |

Traveler Ⓐ

디스 리못 컨트롤 이즈 낫 월킹.

**This remote control is not working.**

Ⓑ

디스 모니털 이즈 낫 월킹.

**This monitor is not working.**

Ⓒ

디즈 헤드폰스 알 낫 월킹.

**These headphones are not working.**

Flight attendant Ⓐ

쏘리, 아윌 리붓 잇.

**Sorry, I'll reboot it.**

Ⓑ

쏘리, 아윌 리플레이스 잇 윗 어나덜 원.

**Sorry, I'll replace it with another one.**

역할 교체 연습  Flight attendant   Traveler ⃝

---

| | | |
|---|---|---|
| 여행자 | | 저기요. |
| 승무원 | | 무엇을 도와드릴까요? |
| 여행자 | Ⓐ | 이 리모컨이 작동이 안 됩니다. |
| | Ⓑ | 이 모니터가 작동이 안 됩니다. |
| | Ⓒ | 이 헤드폰이 작동이 안 됩니다. |
| 승무원 | Ⓐ | 죄송합니다. 껐다가 다시 켜 보겠습니다. |
| | Ⓑ | 죄송합니다. 다른 것으로 교체해 드리겠습니다. |

## 쓰며 익히기

**1** When do you start selling _____?

**2** 30 minutes _____.

**3** I _____ use the restroom.

**4** _____ you are.

**5** The restroom is _____.

**6** _____ chicken, please.

**7** _____ help you?

**8** This remote control is _____.

| | | | |
|---|---|---|---|
| 1 tax-free goods | 2 from now | 3 need to | 4 Here |
| 5 at the back | 6 I'd like | 7 How can I | 8 not working |

# 말하며 다지기

**Practice!** 힌트를 참고하여 다음 문장을 영어로 말해 보세요.

**1** 언제 식사 제공을 시작하죠?

**2** 그렇군요, 고맙습니다.

**3** 좌석을 바꾸고 싶습니다.

**4** 도착 시간을 알고 싶습니다.

**5** 소고기로 주세요.

**6** 커피 한 잔 부탁할게요.

**7** 이 모니터가 작동이 안 됩니다.

**8** 이 헤드폰이 작동이 안 됩니다.

**Hint**

serving meals

see

change

the arrival time

have the beef

request

monitor

headphones

**Expression!** 주어진 상황에 적절한 영어 문장을 말해 보세요.

**1** 승무원에게 담요를 요청 하려고 합니다.

**2** 채식 옵션을 시도해 보고 싶습니다.

**3** 다시 말씀해 주시겠어요?

19

# 바로바로 정답 확인

## 01 필수 단어

1 ～하고 싶다 need to  2 뭐라고요? pardon  3 작동하다 work

4 제공하다 serve  5 채식 vegetarian  6 리모콘 remote control

7 화장실 restroom  8 면세 tax-free

## 05 말하며 다지기

### Practice!

1 When do you start serving meals?

2 I see. Thank you.

3 I need to change my seat.

4 I need to know the arrival time.

5 I'd like to have the beef.

6 I'd like to request a cup of coffee.

7 This monitor is not working.

8 These headphones are not working.

### Expression!

1 I need to request a blanket.

2 I'd like to try the vegetarian option.

3 I beg your pardon?

# 독자적인 문화가 존재하는
# 미국의 주(state)

영어를 주로 사용하는 국가들 중 우리에게 가장 친숙한 나라는 단연 미국일 것입니다. 미국은 50개의 주가 있는데, 그중 여행하기 좋은 지역으로 어떤 곳이 있는지 알아봅시다.

### 뉴욕(New York)

자유의 여신상으로 유명한 뉴욕은 동부에 위치하며, 금융 중심지인 월스트리트(Wall Street) 및 세계적인 예술과 문화를 갖춘 뉴욕시가 속해 있는 주입니다.

### 플로리다(Florida)

동남부에 위치하며, 따뜻한 기후와 해변으로 유명합니다. 플로리다의 대표적인 인기 관광지로는 마이애미(Miami)와 올랜도(Orlando) 등이 있습니다.

### 캘리포니아(California)

서부에 위치하며, 한인들이 많이 사는 LA(로스엔젤레스)가 바로 이곳 캘리포니아에 속합니다. 할리우드(Hollywood), 실리콘밸리(Silicon Valley) 등 엔터테인먼트와 기술 산업이 발달했습니다.

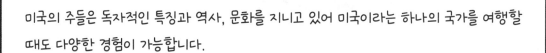

미국의 주들은 독자적인 특징과 역사, 문화를 지니고 있어 미국이라는 하나의 국가를 여행할 때도 다양한 경험이 가능합니다.

# CHAPTER
# 02 입국심사

## 필수 단어

MP3 02-01

펄퍼스
# purpose 목적
What's the purpose of your visit?
방문 목적이 무엇입니까?

사이트싱
# sightseeing 관광
I'm here sightseeing.
관광차 왔습니다.

비즈니즈
# business 사업
I'm here on business.
사업차 왔습니다.

베이케이션
# vacation 휴가
I'm here on vacation.
휴가차 왔습니다.

허니문
# honeymoon 신혼여행
I'm here on my honeymoon.
신혼여행으로 왔습니다.

패밀리
# family 가족
I came here with my family.
가족과 함께 왔습니다.

프렌드
# friend 친구
I came here with my friend.
친구와 함께 왔습니다.

백팩컬스 호스텔
# backpackers' hostel
호스텔
I'm staying at a backpackers' hostel.
호스텔에 머무를 겁니다.

**Check!** 우리말 뜻과 알맞은 영어 단어를 이어 보세요.

| 1 목적 ● | ● sightseeing | 5 신혼여행 ● | ● family |
| 2 관광 ● | ● vacation | 6 가족 ● | ● honeymoon |
| 3 사업 ● | ● purpose | 7 친구 ● | ● backpackers' hostel |
| 4 휴가 ● | ● business | 8 호스텔 ● | ● friend |

# 핵심 문장

MP3 02-02

**핵심 문장 1**

아임 히얼 사이트싱.

## I'm here sightseeing.

관광차 왔습니다.

Practice & Check

온 비즈니스 (사업차)

## on business ㅣ 사업차 왔습니다.

온 베이케이션 (휴가차)

## on vacation ㅣ 휴가차 왔습니다.

온 마이 허니문 (신혼여행차)

## on my honeymoon ㅣ 신혼여행으로 왔습니다.

MP3 02-03

**핵심 문장 2**

아윌 비 히얼 폴 어 위크.

## I'll be here for a week.

일주일 동안 머무를 예정입니다.

Practice & Check

폴 폴 데이즈 (4일간)

## for four days ㅣ 4일간 머무를 예정입니다.

폴 어 퓨 데이즈 (며칠간)

## for a few days ㅣ 며칠간 머무를 예정입니다.

폴 뜨리 나이츠 (사흘간)

## for three nights ㅣ 사흘간 머무를 예정입니다.

## 핵심 문장 3

아이 케임 히얼 윗 마이 패밀리.

# I came here with my family.

저의 가족과 함께 왔습니다.

---

**Practice & Check**

윗 마이 허즈밴드 (남편과 함께)

## with my husband | 남편과 같이 왔습니다.

윗 마이 투 칠드런 (두 자녀와 함께)

## with my two children | 두 자녀와 함께 왔습니다.

윗 마이 베스트 프렌즈 (친한 친구들과 함께)

## with my best friends | 친한 친구들과 함께 왔습니다.

## 핵심 문장 4

아임 스테잉 엣 어 백팩컬스 호스텔.

# I'm staying at a backpackers' hostel.

호스텔에 머무를 겁니다.

---

**Practice & Check**

엣 더 힐튼 호텔 (힐튼 호텔에서)

## at the Hilton hotel | 힐튼 호텔에 머무를 겁니다.

엣 마이 앤츠 하우스 (이모 집에서)

## at my aunt's house | 저의 이모 집에 머무를 겁니다.

엣 더 폴시즌즈 호텔 (포시즌즈 호텔에서)

## at the Four Seasons hotel |

포시즌즈 호텔에 머무를 겁니다.

## 실전 회화

### Dialogue 1 방문 목적

 MP3 02-06

**Staff** Ⓐ
와츠 더 펄퍼스 옵 유얼 비짓?
What's the purpose of your visit?

Ⓑ
와이 알 유 비짙잉?
Why are you visiting?

**Traveler**
쿠쥬 세이 댓 어게인?
Could you say that again?

**Staff**
와츠 더 펄퍼스 옵 유얼 비짓?
What's the purpose of your visit?

**Traveler** Ⓐ
아임 히얼 사이트싱.
I'm here sightseeing.

Ⓑ
아임 히얼 온 비즈니스.
I'm here on business.

Ⓒ
아임 히얼 온 베이케이션.
I'm here on vacation.

역할 교체 연습  Staff   Traveler ⃝

| | | |
|---|---|---|
| 직 원 | Ⓐ | 방문 목적이 무엇입니까? |
| | Ⓑ | 왜 방문하셨죠? |
| 여행자 | | 뭐라고 하셨나요? |
| 직 원 | | 방문 목적이 무엇입니까? |
| 여행자 | Ⓐ | 관광차 왔습니다. |
| | Ⓑ | 사업차 왔습니다. |
| | Ⓒ | 휴가차 왔습니다. |

하우 롱 알 유 스테잉 히얼?

Staff **Ⓐ** How long are you staying here?

하우 롱 윌 유 비 스테잉 히얼?

**Ⓑ** How long will you be staying here?

익스큐즈 미?

Traveler Excuse me?

하우 롱 알 유 스테잉 히얼?

Staff How long are you staying here?

아윌 비 히얼 폴 어 위크.

Traveler **Ⓐ** I'll be here for a week.

아윌 비 히얼 폴 어 퓨 데이즈.

**Ⓑ** I'll be here for a few days.

아윌 비 히얼 폴 뜨리 나이츠.

**Ⓒ** I'll be here for three nights.

역할 교체 연습 Staff  Traveler ⌒

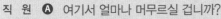

직 원 **Ⓐ** 여기서 얼마나 머무르실 겁니까?
　　　 **Ⓑ** 여기서 얼마나 머무르실 겁니까?
여행자 　 뭐라고 하셨나요?
직 원 　 여기서 얼마나 머무르실 겁니까?
여행자 **Ⓐ** 일주일 동안 머무를 예정입니다.
　　　 **Ⓑ** 며칠간 머무를 예정입니다.
　　　 **Ⓒ** 사흘간 머무를 예정입니다.

## Dialogue 3  방문 인원

 MP3 02-08

**Staff**
후 디쥬 컴 위드?
# Who did you come with?

**Traveler**
아이 백 유얼 팔든?
# I beg your pardon?

**Staff**
후 디쥬 컴 위드?
# Who did you come with?

**Traveler** Ⓐ
아이 케임 히얼 윗 마이 패밀리.
# I came here with my family.

Ⓑ
아이 케임 히얼 윗 마이 허즈밴드.
# I came here with my husband.

Ⓒ
아이 케임 히얼 윗 마이 투 칠드런.
# I came here with my two children.

ⓓ
아이 케임 히얼 윗 마이 베스트 프렌즈.
# I came here with my best friends.

역할 교체 연습  Staff   Traveler ◯

| | | |
|---|---|---|
| 직 원 | | 누구와 함께 왔습니까? |
| 여행자 | | 다시 한번 말씀해 주실래요? |
| 직 원 | | 누구와 함께 왔습니까? |
| 여행자 | Ⓐ | 가족과 함께 왔습니다. |
| | Ⓑ | 남편과 함께 왔습니다. |
| | Ⓑ | 두 아이들과 함께 왔습니다. |
| | ⓓ | 친한 친구들과 함께 왔습니다. |

체류 장소

🔊 MP3 02-09

**Staff**
웨얼 알 유 스테잉 인 더 유에스에이?
Where are you staying in the U.S.A.?

**Traveler**
팔든?
Pardon?

**Staff**
웨얼 알 유 스테잉 인 더 유에스에이?
Where are you staying in the U.S.A.?

**Traveler** Ⓐ
아임 스테잉 엣 어 백팩컬스 호스텔.
I'm staying at a backpackers' hostel.

Ⓑ
아임 스테잉 엣 더 힐튼 호텔.
I'm staying at the Hilton hotel.

Ⓒ
아임 스테잉 엣 마이 앤츠 하우스.
I'm staying at my aunt's house.

Ⓓ
아임 스테잉 엣 더 폴 시즌즈 호텔 니얼 더 시카고 워럴 타월.
I'm staying at the Four Seasons hotel near the Chicago Water Tower.

역할 교체 연습  Staff   Traveler

직　원　　미국에서의 체류 장소는 어디입니까?
여행자　　뭐라고 하셨나요?
직　원　　미국에서의 체류 장소는 어디입니까?
여행자　Ⓐ　호스텔에 머무를 겁니다.
　　　　Ⓑ　힐튼 호텔에 머무를 겁니다.
　　　　Ⓒ　이모 집에 머무를 겁니다.
　　　　Ⓓ　시카고 워터 타워 근처에 있는 포시즌즈 호텔에 머무를 겁니다.

## 쓰며 익히기

**Dictation!** 녹음을 듣고 빈칸을 채워 문장을 완성해 보세요.　　　🔊 MP3 02-10

**1** What's the _____ of your visit?

**2** I'm here _____.

**3** _____ are you staying here?

**4** I'll be here for _____.

**5** Who did you _____?

**6** I came here with my _____.

**7** _____ are you staying in the U.S.A.?

**8** I'm _____ the Hilton hotel.

| | | | |
|---|---|---|---|
| 1 purpose | 2 on business | 3 How long | 4 a few days |
| 5 come with | 6 two children | 7 Where | 8 staying at |

# 말하며 다지기

**Practice!** 힌트를 참고하여 다음 문장을 영어로 말해 보세요.

1 관광차 왔습니다.

2 사업차 왔습니다.

3 휴가차 왔습니다.

4 사흘간 머무를 예정입니다.

5 방문 목적이 무엇입니까?

6 미국에서의 체류 장소는 어디입니까?

7 호스텔에 머무를 예정입니다.

8 가족과 함께 왔습니다.

**Hint**

sightseeing

on business

on vacation

three nights

purpose / visit

staying in

staying at

came here

**Expression!** 주어진 상황에 적절한 영어 문장을 말해 보세요.

1 남편과 함께 왔습니다.

2 친한 친구들과 함께 왔습니다.

3 일주일 동안 머무를 예정입니다.

## 바로바로 정답 확인

**01** **필수 단어**

1 목적 purpose  2 관광 sightseeing  3 사업 business

4 휴가 vacation  5 신혼여행 honeymoon  6 가족 family

7 친구 friend  8 호스텔 backpackers' hostel

**05** **말하며 다지기**

**Practice!**

1 I'm here sightseeing.

2 I'm here on business.

3 I'm here on vacation.

4 I'll be here for three nights.

5 What's the purpose of your visit?

6 Where are you staying in the U.S.A.?

7 I'm staying at a backpackers' hostel.

8 I came here with my family.

**Expression!**

1 I came here with my husband.

2 I came here with my best friends.

3 I'll be here for a week.

# 알고 마시면 더욱 맛있는
# 유럽의 커피

유럽에서 즐겨 마시는 다양한 커피들에 대해 한번 알아볼까요?

### 에스프레소(Espresso)

이탈리아의 '루이지 베제라'는 1901년 물의 증기압을 이용해 25초 만에 커피를 만드는 혁신적인 기계를 발명하였습니다. 이 기계의 이름은 '빠른 커피'라는 의미의 'CAFFEE EXPRESS'였는데, 이때부터 기계의 이름을 따서 에스프레소라고 부르기 시작하였습니다.

### 아메리카노(Americano)

미국인들은 에스프레소에 물을 첨가해 묽게 마셨습니다. 이를 본 이탈리아인들이 미국인의 커피라고 불렀던 것에서 유래하였습니다.

### 플랫화이트(Flat White)

에스프레소에 스팀밀크를 조화롭게 섞어 마시는 것이 특징이며, 오스트레일리아와 뉴질랜드에서 유래하였습니다.

### 아인슈페너(Ainshpener)

오스트리아의 커피로 비엔나 커피라고도 불립니다. 현지어로 '마부'를 뜻하며, 추운 날 서서 커피 위에 크림을 얹어 먹던 것에서 유래하였습니다.

커피 문화가 자연스럽게 녹아 있는 유럽을 가신다면, 여행 중 커피 한 잔의 여유를 만끽해 보세요!

# CHAPTER
# 03 교통 수단

🔊 MP3 03-01

러기지
# luggage 짐, 수화물
Do you have a lot of luggage?
짐이 많으신가요?

버라이얼이
# variety 다양한
There are a variety of taxis.
다양한 종류의 택시가 있습니다.

택시 스탠드
# taxi stand 택시 승강장
Excuse me, is there a taxi stand?
실례합니다, 여기 택시 승강장이 있나요?

레코멘드
# recommend 추천하다
I'd like to recommend the menu item.
메뉴를 추천해 드리겠습니다.

캐치
# catch 잡다, (교통 수단을) 타다
How do I catch a bus to that area?
그곳으로 가는 버스를 어떻게 타나요?

렌트
# rent 빌리다
I'd like to rent a car.
차를 빌리고 싶습니다.

미드 사이즈드 칼
# mid-sized car 중형차
I'd like to rent a mid-sized car.
중형차를 빌리고 싶어요.

컴팩트칼
# compact car 소형차
(=economic car)
I'll take a compact car.
소형차로 할게요.

**Check!** 우리말 뜻과 알맞은 영어 단어를 이어 보세요.

**1** 추천하다 ● ● variety

**2** 잡다, 타다 ● ● recommend

**3** 중형차 ● ● catch

**4** 다양한 ● ● mid-sized car

**5** 빌리다 ● ● compact car

**6** 짐, 수화물 ● ● taxi stand

**7** 택시 승강장 ● ● luggage

**8** 소형차 ● ● rent

🔊 MP3 03-02

| 핵심<br>문장<br>1 | 두 유 해브 어 랏옵 러기지?<br>**Do you have a lot of luggage?**<br>짐이 많으신가요? |

매니 백스 (많은 가방들)

**many bags** ㅣ 가방이 많으신가요?

Practice & Check
◐ ○ ○

매니 숫케이시스 (많은 캐리어들 / 여행 가방들)

**many suitcases** ㅣ 캐리어(여행 가방)가 많으신가요?

○ ○ ○

어 랄지 그룹 옵 피플 (큰 무리의 사람들)

**a large group of people** ㅣ 일행이 많으신가요?

○ ○ ○

🔊 MP3 03-03

| 핵심<br>문장<br>2 | 웨얼 알 유 고잉?<br>**Where are you going?**<br>어디로 가세요? |

웨얼 알 유 헤딩?

**Where are you heading?** ㅣ 어디로 가시나요?

Practice & Check
◐ ○ ○

웨얼 두 유 원 투 고?

**Where do you want to go?** ㅣ 어디로 가고 싶으세요?

○ ○ ○

와츠 유얼 데스티네이션?

**What's your destination?** ㅣ 목적지가 어디입니까?

○ ○ ○

## 핵심 문장 3

하우 두 아이 캐치 어 버스 투 더 골든 게잇 브릿지?

# How do I catch a bus to the Golden Gate Bridge?

금문교로 가는 버스를 어떻게 타나요?

캐치 어 트레인 (기차를 타다)

**Practice & Check**

**catch a train** ㅣ 금문교로 가는 기차를 어떻게 타나요?

캐치 어 택시 (택시를 타다)

**catch a taxi** ㅣ 금문교로 가는 택시를 어떻게 타나요?

## 핵심 문장 4

아윌 테익 어 미드-사이즈드 칼.

# I'll take a mid-sized car.

중형차로 할게요.

어 컴팩트 칼 (소형차)

**Practice & Check**

**a compact car** ㅣ 소형차로 할게요.

어 풀-사이즈드 칼 (대형차)

**a full-sized car** ㅣ 대형차로 할게요.

어 컨버러블 (오픈카)

**a convertible** ㅣ 오픈카로 할게요.

# 실전 회화

택시 픽업 서비스

 MP3 03-06

**Traveler**

하이, 아이 니더 택시.

Hi, I need a taxi.

**Staff**

하이. 데얼 알 어 버라이얼이 옵 택시스, 왓 두유 니드?

Hi. There are a variety of taxis, what do you need?

두 유 해브 어 랏옵 러기지?

Ⓐ Do you have a lot of luggage?

두 유 해브 어 랄지 그룹 옵 피플?

Ⓑ Do you have a large group of people?

**Traveler**

노, 저스트 원 숫케이스 앤 마이셀프.

No, just one suitcase and myself.

**Staff**

오케이, 유 캔 캐치 어 레귤럴 씰이 캡. 더 택시 스탠드 이즈 롸잇 넥스트 투 더 메인 도얼.

Okay, you can catch a regular city cab. The taxi stand is right next to the main door.

**Traveler**

땡큐.

Thank you.

역할 교체 연습  Staff   Traveler ◯

| | |
|---|---|
| 여행자 | 안녕하세요, 택시를 부르려고 하는데요. |
| 직 원 | 안녕하세요. 택시 종류가 많은데, 어떤 택시가 필요하신가요? |
| Ⓐ | 짐이 많으신가요? |
| Ⓑ | 일행이 많으신가요? |
| 여행자 | 아뇨, 캐리어(여행 가방) 하나에 저 혼자입니다. |
| 직 원 | 네, 일반 시내 택시를 타시면 되겠네요. 택시 승강장은 정문 바로 옆에 있습니다. |
| 여행자 | 감사합니다. |

Staff **A**
웨얼 알 유 고잉?
## Where are you going?

**B**
웨얼 두 유 원 투 고?
## Where do you want to go?

Traveler
아이 백 유얼 팔든?
## I beg your pardon?

Staff
슈얼, 웨얼 알 유 고잉?
## Sure, where are you going?

Traveler
아임 고잉 투 더 하드락 호텔.
## I'm going to the Hard Rock Hotel.

Staff
아이 레코멘 댓 유 캐치 어 레귤럴 씰이 캡. 잇 윌 프라버블리 비 어바웃 피프티 달럴즈.
## I recommend that you catch a regular city cab. It will probably be about 50 dollars.

Traveler
와우, 댓 이즈 어 랏, 벗 노 프라블럼. 땡큐.
## Wow, that is a lot, but no problem. Thank you.

역할 교체 연습  Staff ✓  Traveler

직 원 **A** 어디로 가십니까?
　　　**B** 어디로 가고 싶으세요?
여행자　다시 한번 말씀해 주시겠어요?
직 원　그럼요, 어디로 가십니까?
여행자　하드락 호텔로 갑니다.
직 원　일반 시내 택시를 타시는 것을 추천해 드려요. 아마 50달러 정도 나올 겁니다.
여행자　와, 비싸네요, 그렇지만 괜찮습니다. 감사합니다.

# 실전 회화

## Dialogue 3  대중교통 이용

 MP3 03-08

**Traveler**

하이.
Hi.

하우 두 아이 캐치 어 버스 투 더 골든 게잇 브릿지?
Ⓐ How do I catch a bus to the Golden Gate Bridge?

하우 두 아이 캐치 어 택시 투 더 골든 게잇 브릿지?
Ⓑ How do I catch a taxi to the Golden Gate Bridge?

**Staff**

하이.
Hi.

유 캔 캐치 어 버스 라잇 아웃사이드.
Ⓐ You can catch a bus right outside.

유 캔 캐치 어 택시 라잇 아웃사이드.
Ⓑ You can catch a taxi right outside.

원 머먼 플리즈, 렛 미 브링 유 어 맵.
One moment please, let me bring you a map.

**Traveler**

오, 땡큐.
Oh, thank you.

역할 교체 연습  Staff   Traveler ◯

| | |
|---|---|
| 여행자 | 안녕하세요. |
| | Ⓐ 금문교로 가는 버스를 어떻게 타나요? |
| | Ⓑ 금문교로 가는 택시를 어떻게 타나요? |
| 직 원 | 안녕하세요. |
| | Ⓐ 바로 밖에서 버스를 탈 수 있습니다. |
| | Ⓑ 바로 밖에서 택시를 탈 수 있습니다. |
| | 잠시만요. 지도를 가져다 드리겠습니다. |
| 여행자 | 오, 감사합니다. |

🔊 MP3 03-09

Staff
하이, 웰컴. 하우 캔 아이 헬퓨 투데이?
Hi. Welcome. How can I help you today?

Traveler
아이드 라잌 투 렌터 칼.
I'd like to rent a car.

Staff
그뤠잇, 왓 사이즈 알 유 룩킹 폴?
Great. What size are you looking for?

Traveler
팔든?
Pardon?

Staff
위치 사이즈 칼 두 유 니드?
Which size car do you need?

Traveler Ⓐ
아윌 테잌 어 미드-사이즈드 칼.
I'll take a mid-sized car.

Ⓑ
아윌 테잌 어 컴팩트 칼.
I'll take a compact car.

Ⓒ
아윌 테잌 어 풀-사이즈드 칼.
I'll take a full-sized car.

역할 교체 연습  Staff   Traveler

| 직 원 | 안녕하세요. 무엇을 도와 드릴까요? |
| 여행자 | 차량을 빌리고 싶은데요. |
| 직 원 | 좋습니다. 어떤 사이즈의 차량을 찾으십니까? |
| 여행자 | 뭐라고요? |
| 직 원 | 어떤 사이즈의 차량이 필요하세요? |
| 여행자 Ⓐ | 중형차로 하겠습니다. |
| Ⓑ | 소형차로 하겠습니다. |
| Ⓒ | 대형차로 하겠습니다. |

## 쓰며 익히기

Dictation! 녹음을 듣고 빈칸을 채워 문장을 완성해 보세요. 🔊 MP3 03-10

1. There are a _____ of taxis, what do you need?

2. Do you have a lot of _____?

3. Where do you want _____?

4. I _____ that you catch a regular city cab.

5. How do I _____ to that area?

6. One _____ please, let me bring you a map.

7. I'd like to _____.

8. How can I _____ you today?

---

| | | | |
|---|---|---|---|
| 1 variety | 2 luggage | 3 to go | 4 recommend |
| 5 catch a bus | 6 moment | 7 rent a car | 8 help |

# 말하며 다지기

**Practice!** 힌트를 참고하여 다음 문장을 영어로 말해 보세요.

Hint

**1** 짐이 많으신가요?

**2** 일행이 많으신가요?

**3** 어디로 가십니까?

**4** 금문교로 가는 버스를 어떻게 타나요?

**5** 바로 밖에서 택시를 탈 수 있습니다.

**6** 잠시만 기다려 주세요.

**7** 어떤 사이즈의 차량이 필요하세요?

**8** 중형차로 하겠습니다.

luggage

a large group

going

catch a bus

right outside

moment

which / need

mid-sized car

**Expression!** 주어진 상황에 적절한 영어 문장을 말해 보세요.

**1** 짐은 캐리어(여행 가방) 한 개뿐입니다.

**2** 하드락 호텔로 가는 버스 를 어떻게 타는지 물어봅 니다.

**3** 대형차를 선택하려고 합 니다.

## 필수 단어

1 추천하다 recommend  2 잡다, 타다 catch  3 중형차 mid-sized car

4 다양한 variety  5 빌리다 rent  6 짐, 수화물 luggage

7 택시 승강장 taxi stand  8 소형차 compact car

## 말하며 다지기

**Practice!**

1 Do you have a lot of luggage?

2 Do you have a large group of people?

3 Where are you going?

4 How do I catch a bus to the Golden Gate Bridge?

5 You can catch a taxi right outside.

6 One moment, please.

7 Which size car do you need?

8 I'll take a mid-sized car.

**Expression!**

1 Just one suitcase.

2 How do I catch a bus to the Hark Rock Hotel?

3 I'll take a full-sized car.

# 2층 버스 타고
# 도심 풍경 백배 즐기기

2층 버스는 영어로 "Double—Decker Bus (더블 데커 버스)"라고합니다.

더블 데커 버스는 도시 여행 중에 특별한 매력을 선사하는 교통수단 중 하나입니다. 이 특이한 디자인은 도시의 아름다운 경치를 높은 위치에서 감상할 수 있도록 고안되었습니다. 특히 영국의 런던에서는 빨간 더블 데커 버스를 이용하여 도심의 풍경을 높은 곳에서 시원하게 감상하는 것이 명불허전한 여행 경험이 됩니다.

런던의 빨간 더블 데커 버스 외에도, 세계 여러 도시에서 2층 버스를 이용해 특별한 체험을 즐길 수 있습니다. 대표적으로 스코틀랜드의 에딘버러에서는 어둡고 신비로운 역사를 고스트 버스 투어로 탐험할 수 있으며, 홍콩에서는 한국어로 관광 안내를 받으며 도심과 외곽을 두루 여행할 수 있는 빅버스로 더욱 흥미로운 여행을 즐길 수 있습니다.

# CHAPTER
# 04 길 찾기

# 01 필수 단어

MP3 04-01

스트레잇
## straight 똑바로
Go straight.
직진하세요.

온 풋
## on foot 걸어서
How long does it take on foot?
걸어서 가면 얼마나 걸리나요?

숄컷
## shortcut 지름길
take the shortcut
지름길로 가다

사이드워크
## sidewalk 보도
walk on the sidewalk
보도 위로 걷다

언퍼밀리얼
## unfamiliar 낯설다
His name sounds unfamiliar.
그의 이름이 낯설어요.

호프
## hope 바라다
I hope you have a good time.
좋은 시간 보내시기 바랍니다.

테이크
## take (시간이) 걸리다
How long does it take to London?
런던까지는 얼마나 걸리나요?

유주얼리
## usually 보통
It usually takes 30 minutes.
보통 30분이 걸립니다.

---

**Check!** 우리말 뜻과 알맞은 영어 단어를 이어 보세요.

1 똑바로 ●    ● unfamiliar

2 보통 ●    ● straight

3 낯설다 ●    ● shortcut

4 지름길 ●    ● usually

5 바라다 ●    ● take

6 걸어서 ●    ● hope

7 (시간이) 걸리다 ●    ● sidewalk

8 보도 ●    ● on foot

47

## 02

## 핵심 문장

MP3 04-02

| 핵심 문장 1 | 두 유 노 웨얼 디스 호텔 이즈?<br>**Do you know where this hotel is?**<br>이 호텔이 어디에 있는지 아세요? |
|---|---|

디스 스쿨 (이 학교)

**this school** | 이 학교가 어디에 있는지 아세요?

Practice & Check

디스 샵 (이 가게)

**this shop** | 이 가게가 어디에 있는지 아세요?

디스 뱅크 (이 은행)

**this bank** | 이 은행이 어디에 있는지 아세요?

MP3 04-03

| 핵심 문장 2 | 와츠 더 패스티스트 웨이 투 겟 투 디 에얼폴트?<br>**What's the fastest way to get to the airport?**<br>공항으로 가는 가장 빠른 길은 무엇이죠? |
|---|---|

더 베스트 웨이 투 겟 (~로 가는 가장 좋은 길)

**the best way to get** | 공항으로 가는 가장 좋은 길은 무엇이죠?

Practice & Check

더 퀵키스트 루트 (가장 빠른 경로)

**the quickest route** | 공항으로 가는 가장 빠른 경로는 무엇이죠?

더 패스티스트 루트 (가장 빠른 경로)

**the fastest route** | 공항으로 가는 가장 빠른 경로는 무엇이죠?

**핵심 문장 3**

아임 낫 슈얼 비코우즈 아임 뉴 히얼.

# I'm not sure because I'm new here.

여기 처음 와서 잘 모르겠어요.

비코우즈 아임 올쏘 비짙잉 (저도 방문 중이이기 때문에)

Practice & Check

# because I'm also visiting | 저도 방문 중이라 잘 모르겠어요.

비코우즈 아임 언퍼밀리얼 윗 디스 에어리어 (이 지역은 낯설기 때문에)

# because I'm unfamiliar with this area |

이 지역은 낯설어서 잘 모르겠어요.

이프 디스 이즈 더 롸잇 디렉션 (이 방향이 맞는지)

# if this is the right direction | 이 방향이 맞는지 잘 모르겠어요.

**핵심 문장 4**

하우 롱 더즈 잇 테잌 온 풋?

# How long does it take on foot?

걸어서 가면 얼마나 걸리나요?

바이 버스 (버스로)

Practice & Check

# by bus | 버스로 가면 얼마나 걸리나요?

바이 서브웨이 (지하철로)

# by subway | 지하철로 가면 얼마나 걸리나요?

바이 택시 (택시로)

# by taxi | 택시로 가면 얼마나 걸리나요?

# 실전 회화

**Dialogue 1** 이동 경로와 소요 시간 묻기    🔊 MP3 04-06

**Traveler**
익스큐즈미.
Excuse me.

두유 노 웨얼 디스 호텔 이즈?
**ⓐ** Do you know where this hotel is?

두유 노 웨얼 디스 샵 이즈?
**ⓑ** Do you know where this shop is?

**Passerby**
예스, 턴 레프트 엣 더 세컨 스트릿. 고 스트레잇 언틸 유 씨 잇.
Yes, turn left at the second street. Go straight until you see it.

**Traveler**
하우 롱 더즈잇 테익 온 풋?
How long does it take on foot?

**Passerby**
잇 테익스 어라운드 텐 미닛츠.
It takes around ten minutes.

**Traveler**
땡큐.
Thank you.

역할 교체 연습  Passerby   Traveler

| 여행자 | 실례합니다. |
| --- | --- |
| ⓐ | 이 호텔이 어디에 있는지 아시나요? |
| ⓑ | 이 가게가 어디에 있는지 아시나요? |
| 행 인 | 네, 두 번째 길에서 왼쪽으로 도세요. 그 곳이 보일 때까지 직진하세요. |
| 여행자 | 걸어서 가면 얼마나 걸리나요? |
| 행 인 | 한 10분 정도 걸려요. |
| 여행자 | 감사합니다. |

Traveler
익스큐즈미.
Excuse me.

왓츠 더 패스티스트 웨이 투 겟 투 디 에얼폴트?
Ⓐ What's the fastest way to get to the airport?

쿠쥬 텔미 더 숄컷 투 디 에얼폴트?
Ⓑ Could you tell me the shortcut to the airport?

Passerby
이프 유 테익 더 브릿지 인스테드 옵 더 사이드웍, 유 캔 세이브 썸 타임.
If you take the bridge instead of the sidewalk, you can save some time.

Traveler
쿠쥬 세이 잇 어게인, 플리즈?
Could you say it again, please?

Passerby
잇츠 패스털 이프 유 고 오벌 더 브릿지.
It's faster if you go over the bridge.

Traveler
땡큐 폴 익스플레이닝. 아윌 두 댓!
Thank you for explaining. I'll do that!

역할 교체 연습  Passerby ✓  Traveler ⟳

| | |
|---|---|
| 여행자 | 실례합니다. |
| Ⓐ | 공항으로 가는 가장 빠른 길은 무엇인가요? |
| Ⓑ | 공항으로 가는 지름길을 알려 주실 수 있나요? |
| 행 인 | 보도 말고 다리로 가면 시간을 좀 아낄 수 있어요. |
| 여행자 | 다시 말씀해 주시겠어요? |
| 행 인 | 다리를 건너서 가면 더 빨라요. |
| 여행자 | 설명해 주셔서 고마워요. 그렇게 할게요! |

🔊 MP3 04-08

**Passerby**

익스큐즈미, 두 유 노 하우 투 겟 투더 트레인 스테이션?

Excuse me, do you know how to get to the train station?

**Traveler**

팔든?

Pardon?

**Passerby**

두유 노 하우 투 겟 투더 트레인 스테이션?

Do you know how to get to the train station?

**Traveler** Ⓐ

아임 낫 슈얼 비코우즈 아임 뉴 히얼.

I'm not sure because I'm new here.

Ⓑ

아임 낫 슈얼 비코우즈 아임 올쏘 비짙잉.

I'm not sure because I'm also visiting.

Ⓒ

아임 쏘리, 아임 언퍼밀리얼 윗 디스 에어리어.

I'm sorry. I'm unfamiliar with this area.

**Passerby**

오, 땡큐 애니웨이. 아이 홒 유 해브 어 굿 타임!

Oh, thank you anyway. I hope you have a good time!

역할 교체 연습  Passerby   Traveler ⬭

| | | |
|---|---|---|
| 행 인 | 실례합니다, 기차역으로 가는 길 아시나요? | |
| 여행자 | 뭐라구요? | |
| 행 인 | 기차역으로 가는 길 아시나요? | |
| 여행자 Ⓐ | 여기 처음 와서 잘 모르겠어요. | |
| Ⓑ | 저도 방문 중이라 잘 모르겠어요. | |
| Ⓒ | 죄송해요, 이 지역은 낯설어요. | |
| 행 인 | 아, 그래도 감사해요. 좋은 시간 보내시길 바랍니다! | |

**Traveler**

익스큐즈미.
Excuse me.

하우 롱 더즈 잇 테익 온 풋 투 더 서브웨이 스테이션?
Ⓐ How long does it take on foot to the subway station?

하우 롱 더즈 잇 테익 바이 버스 투 더 서브웨이 스테이션?
Ⓑ How long does it take by bus to the subway station?

**Passerby**

잇츠 어바웃 어 떠리 미닛 워크.
Ⓐ It's about a 30-minute walk.

바이 버스, 잇 유주얼리 테익스 텐 미닛츠.
Ⓑ By bus, it usually takes 10 minutes.

**Traveler**

그뤠잇, 앤 하우 롱 더즈 잇 테익 바이 택시?
Great, and how long does it take by taxi?

**Passerby**

바이 택시, 잇츠 어 숄트 라이드. 잇 윌 테익 어바웃 파이브 미닛츠.
By taxi, it's a short ride. It will take about 5 minutes.

역할 교체 연습 Passerby ✓ Traveler ○

| | | |
|---|---|---|
| 여행자 | | 실례합니다. |
| | Ⓐ | 지하철 역까지 걸어서 얼마나 걸리나요? |
| | Ⓑ | 지하철 역까지 버스로 얼마나 걸리나요? |
| 행 인 | Ⓐ | 도보로 30분정도 걸립니다. |
| | Ⓑ | 버스로 보통 10분이 걸립니다. |
| 여행자 | | 그렇군요. 그러면 택시로는 얼마나 걸리나요? |
| 행 인 | | 택시로는 꽤 짧은 거리입니다. 5분 정도 걸릴 거예요. |

# 04

## 쓰며 익히기

**Dictation!** 녹음을 듣고 빈칸을 채워 문장을 완성해 보세요.   ◀》 MP3 04-10

1. Go _____ until you see it.

2. What's _____ to get to the airport?

3. Do you know where _____ is?

4. It's faster if you _____ the bridge.

5. By taxi, it's a _____.

6. I'm not _____ because I'm also visiting.

7. I'm _____ with this area.

8. _____ does it take by taxi to the subway station?

---

| 1 straight | 2 the best way | 3 this hotel | 4 go over |
|---|---|---|---|
| 5 short ride | 6 sure | 7 unfamiliar | 8 How long |

## 05

## 말하며 다지기

**Practice!** 힌트를 참고하여 다음 문장을 영어로 말해 보세요.

**1** 이 가게가 어디 있는지 아시나요?

**2** 두 번째 길에서 왼쪽으로 도세요.

**3** 공항으로 가는 가장 빠른 길은 무엇인가요?

**4** 설명해 주셔서 감사합니다.

**5** 기차역으로 가는 길 아시나요?

**6** 5분 정도 걸릴 거예요.

**7** 좋은 시간 보내시길 바랍니다.

**8** 지하철 역까지 버스로 얼마나 걸리나요?

**Hint**

shop

turn left

the fastest way

explaining

how to get to

about

hope

the subway station

**Expression!** 주어진 상황에 적절한 영어 문장을 말해 보세요.

**1** 공항으로 가는 지름길을 물어봅니다.

**2** 길을 묻는 상대에게 이곳 이 처음이라 잘 모르겠다 고 대답합니다.

**3** 행인에게 걸어서 지하철 역까지 얼마나 걸리는지 물어봅니다.

**필수 단어**

1 똑바로 straight  2 보통 usually  3 낯설다 unfamiliar  4 지름길 shortcut

5 바라다 hope  6 걸어서 on foot  7 걸리다 take  8 보도 sidewalk

**05  말하며 다지기**

Practice!

1 Do you know where this shop is?

2 Turn left at the second street.

3 What's the fastest way to get to the airport?

4 Thank you for explaining.

5 Do you know how to get to the train station?

6 It will take about 5 minutes.

7 I hope you have a good time!

8 How long does it take by bus to the subway station?

Expression!

1 Could you tell me the shortcut to the airport?

2 I'm not sure because I'm new here.

3 How long does it take on foot to the subway station?

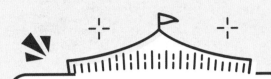

# 세계의 다양한 기념일과 축제

여행 중에 신나는 축제를 경험해 보신 적이 있나요? 영미권 국가들의 유명한 기념일과 축제에 대해서 알아봅시다.

### 미국의 독립기념일(Independence day)

7월 4일에 열리는 미국의 독립 기념일로, 불꽃놀이와 퍼레이드가 대표적인 행사입니다. 가족 혹은 친구들과 함께 국기를 게양하고, 바비큐 파티를 즐기는 것이 전통입니다.

### 영국의 가이 포크스 나이트(Guy Fawkes Night)

매년 11월 5일에 열리며, 1605년 가이 포크스의 국회의사당 폭파 실패를 기리기 위해 불꽃놀이와 불을 피우는 행사입니다. 공원에서는 불꽃놀이 대회를 열고 화톳불을 피웁니다.

### 호주의 시드니 신년 이브(Sydney New Year's Eve )

12월 31일에 열리는 이 축제는 세계적인 불꽃놀이로 유명합니다. 시드니 하버 다리와 오페라하우스를 배경으로 한 화려한 불꽃놀이가 수십만 명의 관객을 매료시킵니다.

불꽃놀이와 빛쇼로 유명한 축제들은 방문객에게 특별한 경험을 선사합니다. 여행하는 국가의 축제 장소와 시기를 미리 알고 떠난다면, 더욱 즐거운 여행이 될 수 있습니다.

# CHAPTER
# 05 호텔

## 필수 단어

🔊 MP3 05-01

필아웃
**fill out** 작성하다
Could you fill out this form?
이 양식을 작성해 주시겠습니까?

웨이컵 콜
**wake-up call** 모닝콜
Can you give me a wake-up call?
모닝콜 해 줄 수 있나요?

체크 인
**check in** 체크인하다
I checked in to room 417 yesterday.
어제 417호에 체크인 했습니다.

체크 아웃
**check out** 체크아웃하다
I'm checking out.
체크아웃하려고 합니다.

에얼 컨디셔널
**air conditioner** 에어컨
I want to turn on the air conditioner.
에어컨을 틀고 싶어요.

릭
**leak** 새다
The toilet is leaking.
화장실에서 물이 새요.

익스피리언스
**experience** 경험(하다)
How was your experience with us?
머무는 동안 어떠셨습니까?

비 써포즈드 투 두
**be supposed to do**
～하기로 되어 있다
It was supposed to be included.
이것은 원래 포함이 되어 있어야 합니다.

**Check!** 우리말 뜻과 알맞은 영어 단어를 이어 보세요.

1 ～하기로 되어 있다 ● ● fill out

2 체크인하다 ● ● wake-up call

3 모닝콜 ● ● be supposed to do

4 작성하다 ● ● check in

5 체크아웃하다 ● ● experience

6 경험(하다) ● ● leak

7 새다 ● ● air conditioner

8 에어컨 ● ● check out

🔊 MP3 05-02

핵심
문장
1

마이 레절베이션 이즈 언덜 메리 리.

# My reservation is **under Mary Lee.**

Mary Lee라는 이름으로 예약했어요.

아이 해브 어 레절베이션 (예약을 했다)

## I have a reservation | Mary Lee라는 이름으로 예약했어요.

Practice & Check
✓ ○ ○

아이 메이드 어 레절베이션 (예약을 했다)

## I made a reservation | Mary Lee라는 이름으로 예약했어요.

○ ○ ○

🔊 MP3 05-03

핵심
문장
2

캔 아이 해브 어 웨이컵 콜?

# Can I have a wake-up call?

모닝콜 가능한가요?

올덜 룸 설비스 (룸서비스를 시키다)

## order room service | 룸서비스를 시킬 수 있나요?

Practice & Check
✓ ○ ○

겟 썸 엑스트라 타월스 (수건을 추가로 받다)

## get some extra towels | 수건을 추가로 받을 수 있을까요?

○ ○ ○

해브 브랙퍼스트 인 마이 룸 (방에서 아침 식사를 하다)

## have breakfast in my room |

제 방으로 아침을 가져다 주시겠어요?

○ ○ ○

**핵심 문장 3**

아이 띵크 디 에얼 컨디셔널 이즈 낫 월킹.

# I think the air conditioner is not working.

에어컨 작동이 안 되는 것 같아요.

더 토일렛 이즈 릭킹 (화장실에 물이 새다)                    Practice & Check

## the toilet is leaking | 화장실에 물이 새는 것 같아요.          ⊘ ○ ○

데얼 이즈 노 핫 워럴 (온수가 나오지 않다)

## there is no hot water | 온수가 안 나오는 것 같아요.          ○ ○ ○

데얼 이즈 어 프라블럼 윗 더 와이-파이 (와이파이에 문제가 있다)

## there is a problem with the Wi-Fi |                    ○ ○ ○

와이파이에 문제가 있는 것 같아요.

**핵심 문장 4**

하우 워즈 유얼 스테이 윗 어스?

# How was your stay with us?

머무는 동안 어떠셨습니까?

익스피리언스 윗 어스 (함께한 경험)                         Practice & Check

## experience with us | 머무는 동안 어떠셨습니까?               ⊘ ○ ○

익스피리언스 윗 더 룸 설비스 (룸서비스에 대한 경험)

## experience with the room service |                    ○ ○ ○

저희 룸서비스는 어떠셨습니까?

인터렉션 윗 더 호텔 스태프 (호텔 직원과의 소통)

## interaction with the hotel staff |                     ○ ○ ○

호텔 직원과의 소통은 어땠습니까?

## Dialogue 1  체크인

🔊 MP3 05-06

**Staff**
디쥬 메잌 어 레절베이션?
Did you make a reservation?

**Traveler Ⓐ**
예스, 마이 레절베이션 이즈 언덜 메리 리.
Yes, my reservation is under Mary Lee.

**Ⓑ**
예스, 아이 해브 어 레절베이션 언덜 메리 리.
Yes, I have a reservation under Mary Lee.

**Ⓒ**
예스, 아이 메이드 어 레절베이션 언덜 메리 리.
Yes, I made a reservation under Mary Lee.

**Staff**
쿠쥬 필아웃 디스 폼, 플리즈?
Could you fill out this form, please?

**Traveler**
슈얼, 히얼 유 알.
Sure, here you are.

**Staff**
유얼 룸 이즈 더 펄스트 원 온 더 텐뜨 플로어.
Your room is the first one on the 10th floor.

**Traveler**
땡큐.
Thank you.

역할 교체 연습  Staff   Traveler

| | | |
|---|---|---|
| 직 원 | | 예약하셨습니까? |
| 여행자 | Ⓐ | 네, Mary Lee라는 이름으로 예약했어요. |
| | Ⓑ | 네, Mary Lee라는 이름으로 예약했어요. |
| | Ⓒ | 네, Mary Lee라는 이름으로 예약했어요. |
| 직 원 | | 이 양식을 작성해 주시겠습니까? |
| 여행자 | | 물론이죠. 여기 있습니다. |
| 직 원 | | 고객님의 방은 10층 맨 첫 번째입니다. |
| 여행자 | | 고맙습니다. |

🔊 MP3 05-07

**Staff**

헬로. 메아이 헬퓨?
Hello. May I help you?

**Traveler**

헬로. 디스 이즈 룸 폴 원 세븐.
Hello. This is room 417.

**Staff**

쿠쥬 플리즈 리핏 댓?
Could you please repeat that?

**Traveler**

슈얼, 마이 룸 넘벌 이즈 폴 원 세븐.
Sure, my room number is 417.

Ⓐ 캔 아이 해브 어 웨이컵 콜?
Can I have a wake-up call?

Ⓑ 캔 아이 올덜 룸 설비스?
Can I order room service?

Ⓒ 캔 아이 겟 썸 엑스트라 타월스?
Can I get some extra towels?

**Staff**

썰튼리, 맴.
Certainly, ma'am.

역할 교체 연습  Staff   Traveler ⟨ ⟩

| | |
|---|---|
| 직 원 | 안녕하세요. 무엇을 도와드릴까요? |
| 여행자 | 안녕하세요. 여기는 417호입니다. |
| 직 원 | 다시 한번 말씀해 주시겠어요? |
| 여행자 | 물론이죠, 제 방 번호는 417호인데요. |
| Ⓐ | 모닝콜 가능한가요? |
| Ⓑ | 룸서비스를 시킬 수 있나요? |
| Ⓒ | 수건을 추가로 받을 수 있을까요? |
| 직 원 | 물론이죠, 손님. |

## 실전 회화

**Dialogue 3** 컴플레인

**Staff**
헬로. 메아이 헬퓨?
Hello. May I help you?

**Traveler**
헬로. 아이 체크드 인 투 룸 폴 원 세븐 예스털데이.
Hello. I checked in to room 417 yesterday.

아이 띵크 데얼 이즈 어 프라블럼. 쿠쥬 해브 썸원 센트 히얼?
I think there is a problem. Could you have someone sent here?

**Staff**
옵콜스. 왓츠 해프닝?
Of course. What's happening?

**Traveler** Ⓐ
아이 띵크 디 에얼 컨디셔널 이즈 낫 월킹.
I think the air conditioner is not working.

Ⓑ
아이 띵크 더 토일렛 이즈 리킹.
I think the toilet is leaking.

**Staff**
아임 쏘리 투 히얼 댓. 위 윌 픽스 잇 라잇 어웨이. 웨잇 어 머먼 플리즈.
I'm sorry to hear that. We will fix it right away. Wait a moment, please.

역할 교체 연습  Staff   Traveler ◯

| | |
|---|---|
| 직 원 | 안녕하세요. 무엇을 도와드릴까요? |
| 여행자 | 안녕하세요. 어제 417호에 체크인 했는데요. |
| | 문제가 있는 것 같습니다. 여기 누구 좀 보내 주실 수 있나요? |
| 직 원 | 물론입니다. 무슨 일 있으세요? |
| 여행자 Ⓐ | 에어컨 작동이 안 되는 것 같아요. |
| Ⓑ | 화장실에서 물이 새는 것 같아요. |
| 직 원 | 유감이네요, 바로 고쳐드리겠습니다. 잠시만 기다려 주세요. |

**Traveler**
헬로. 아임 체킹 아웃. 아이드 라잌 마이 빌.
Hello. I'm checking out. I'd like my bill.

**Staff** Ⓐ
히얼 유 알. 하우 워즈 유얼 스테이 윗 어스?
Here you are. How was your stay with us?

Ⓑ
하우 워즈 유얼 익스피리언스 윗 어스?
How was your experience with us?

**Traveler**
잇 워즈 베리 굿.
It was very good.

벗, 아이 돈 띵크 디스 이즈 더 롸잇 토털. 아이 워즈 찰지드 폴 마이 브랙퍼스트.
But, I don't think this is the right total. I was charged for my breakfast.

**Staff**
아임 쏘 쏘리. 잇 워즈 써포즈드 투 비 인클루디드. 히얼스 유얼 뉴 빌.
I'm so sorry. It was supposed to be included. Here's your new bill.

**Traveler**
굿. 아윌 페이 윗 마이 크레딧 카드.
Good. I'll pay with my credit card.

역할 교체 연습 Staff ✓ Traveler ◯

| | |
|---|---|
| 여행자 | 안녕하세요. 체크아웃을 하려고 합니다. 계산서를 주세요. |
| 직 원 Ⓐ | 여기 있습니다. 머무는 동안 어떠셨습니까? |
| Ⓑ | 머무는 동안 어떠셨습니까? |
| 여행자 | 아주 좋았어요. |
| | 그런데, 총 액수가 안 맞는 것 같아요. 조식비가 청구되어 있네요. |
| 직 원 | 죄송합니다. 조식비는 원래 (호텔 비용에) 포함되어 있습니다. 여기 새 계산서입니다. |
| 여행자 | 좋아요. 신용카드로 계산할게요. |

## 쓰며 익히기

**Dictation!** 녹음을 듣고 빈칸을 채워 문장을 완성해 보세요.  🔊 MP3 05-10

**1** Did you _____ reservation?

**2** My reservation _____ Mary Lee.

**3** Your room is _____ on the 10th floor.

**4** Can I have a _____?

**5** I _____ to room 417 yesterday.

**6** I think the toilet is _____.

**7** I'm _____.

**8** It was _____ be included.

| 1 make a | 2 is under | 3 the first one | 4 wake-up call |
| 5 checked in | 6 leaking | 7 checking out | 8 supposed to |

## 05 말하며 다지기

**Practice!** 힌트를 참고하여 다음 문장을 영어로 말해 보세요.

1 무엇을 도와 드릴까요?

2 이 양식을 작성해 주시겠어요?

3 룸서비스를 시킬 수 있을까요?

4 제 방 번호는 417호입니다.

5 에어컨 작동이 안 되는 것 같아요.

6 머무는 동안 어떠셨습니까?

7 총 액수가 안 맞는 것 같아요.

8 신용카드로 계산할게요.

**Hint**

may I

fill out

order

room number

not working

experience

the right total

credit card

**Expression!** 주어진 상황에 적절한 영어 문장을 말해 보세요.

1 수건 좀 더 받을 수 있을지 물어봅니다.

2 호텔 직원에게 문제가 생겼음을 알립니다.

3 체크아웃을 하면서 계산서를 요청합니다.

67

## 바로바로 정답 확인

01 필수 단어

1 ~하기로 되어 있다 be supposed to do  2 체크인하다 check in

3 모닝콜 wake-up call  4 작성하다 fill out  5 체크아웃하다 check out

6 경험(하다) experience  7 새다 leak  8 에어컨 air conditioner

**05** 말하며 다지기

**Practice!**

1 May I help you?

2 Could you fill out this form. please?

3 Can I order room service?

4 My room number is 417.

5 I think the air conditioner is not working.

6 How was your experience with us?

7 I don't think this is the right total.

8 I'll pay with my credit card.

**Expression!**

1 Can I get some extra towels?

2 I think there is a problem.

3 I'm checking out. I'd like my bill.

# 미국에서 만날 수 있는 세계 각국의 음식들

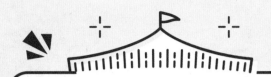

미국은 다양한 민족이 살아가는 독특한 공간으로, 여러 국가의 음식들을 한 자리에서 만날 수 있습니다.

### 유태인 요리 & 이태리 요리

먼저 유태인 요리로는 뉴욕을 대표하는 음식인 베이글, 패스트라미, 랙스 등이 있으며, 이태리 요리로는 20세기 초 이태리 이민자들에 의해 소개된 이후 전국적인 인기를 얻어 미국을 대표하는 요리가 된 피자가 있습니다.

### 멕시칸 요리

멕시칸 요리도 미국에서 많이 접하실 수 있습니다. 매콤하면서도 달달한 멕시칸 음식들은 한국인의 입맛에도 아주 잘 맞는데요, 이런 멕시칸 요리는 멕시코와 인접한 지역을 시작으로 미국식으로 변형되어 대중적인 사랑을 받고 있습니다.

### 아시안 요리

건강을 중시하는 요즘 아시아 요리도 큰 호응을 얻고 있습니다. 베트남 쌀국수나 태국 요리 전문점에서 맛있는 음식을 접할 수 있으며, 최근에는 한국 음식점도 많이 생겼습니다.

미국 여행에서는 다양한 음식을 즐기며, 미국이 가진 가장 큰 힘인 다양성을 느낄 수 있습니다. 음식을 통해 현지 문화를 체험하며 특별한 추억을 만들어 보시기를 추천합니다.

# CHAPTER 06

# 세탁소 & 미용실

# 필수 단어

🔊 MP3 06-01

숄튼

## shorten 짧게 하다

I'd like to have these jeans shortened.

이 청바지 길이를 줄이고 싶습니다.

리듀스

## reduce (길이를) 줄이다

Can you reduce the length?

길이를 줄여 주실 수 있나요?

드라이-클린

## dry-clean 드라이클리닝하다

It's dry-clean only.

드라이클리닝만 가능합니다.

드레스 셜츠

## dress shirt 와이셔츠

How much is this dress shirt?

이 와이셔츠는 얼마인가요?

다이

## dye 염색하다

dye my hair

머리를 염색하다

카인드 오브

## kind of 종류의

What kind of brown color do you want?

어떤 종류의 갈색을 원하세요?

트림

## trim 다듬다

trim my hair

머리를 다듬다

에디셔널 피

## additional fee 추가 요금

You have to pay an additional fee.

추가 요금을 내셔야 합니다.

---

**Check!** 우리말 뜻과 알맞은 영어 단어를 이어 보세요.

**1** 다듬다 ● ● dye

**2** 드라이클리닝 하다 ● ● dress shirt

**3** 와이셔츠 ● ● trim

**4** 염색하다 ● ● dry-clean

**5** 추가 요금 ● ● shorten

**6** (길이를) 줄이다 ● ● kind of

**7** 짧게 하다 ● ● reduce

**8** 종류의 ● ● additional fee

# 핵심 문장

MP3 06-02

**핵심 문장 1**

아이드 라익 투 해브 디즈 진스 숄튼드.

## I'd like to have these jeans shortened.

이 청바지 길이를 줄이고 싶어요.

마이 헤얼 트림드 (머리를 정리하다)

**Practice & Check**

### my hair trimmed | 제 머리를 정리하고 싶어요.

마이 룸 클린드 (방을 청소하다)

### my room cleaned | 제 방을 청소하고 싶어요.

더 패키지 딜리벌드 (소포를 보내다)

### the package delivered | 소포를 보내고 싶어요.

MP3 06-03

**핵심 문장 2**

아이 니드 뜨리 셔츠 드라이 클린드.

## I need three shirts dry-cleaned.

셔츠 세 벌을 드라이클리닝 하고 싶어요.

마이 슈즈 폴리쉬드 (신발을 광내다)

**Practice & Check**

### my shoes polished | 제 신발을 광내고 싶어요.

더 다큐먼트 스캔드 (문서를 스캔하다)

### the document scanned | 문서를 스캔하고 싶어요.

마이 랩탑 리페얼드 (노트북을 수리하다)

### my laptop repaired | 제 노트북을 수리하고 싶어요.

MP3 06-04

**핵심
문장
3**

아이드 라잌 투 다이 마이 헤얼 브라운.

# I'd like to dye my hair brown.

머리를 갈색으로 염색하고 싶어요.

두 마이 헤얼 (머리를 하다)

**Practice & Check**

## do my hair | 머리를 좀 하고 싶어요.

겟 어 헤얼컷 (머리를 자르다)

## get a haircut | 헤어 커트를 하고 싶어요.

체인지 마이 헤얼 스타일 (헤어 스타일을 바꾸다)

## change my hair style | 헤어 스타일을 바꾸고 싶어요.

MP3 06-05

**핵심
문장
4**

아이 원 투 트림 어 리틀.

# I want to trim a little.

약간 다듬고 싶어요.

투 컷 잇 숄트 (짧게 자르다)

**Practice & Check**

## to cut it short | 짧게 자르고 싶어요.

잇 투 마이 숄덜스 (어깨까지 길이로 하다)

## it to my shoulders | 어깨까지 오게 잘랐으면 좋겠어요.

잇 빌로우 마이 친 (턱 아래까지 오다)

## it below my chin | 제 턱 아래에 오게 잘랐으면 좋겠어요.

# 실전 회화

**Dialogue 1** 바지 수선하기  MP3 06-06

**Dry cleaner**
헬로, 하우 캔 아이 헬퓨?
Hello. How can I help you?

**Traveler**
하이, 디즈 진스 알 투 롱.
Hi, these jeans are too long.

Ⓐ 아이드 라익 투 해브 디즈 진스 숄튼드.
I'd like to have these jeans shortened.

Ⓑ 캔 유 리듀스 더 렝뜨?
Can you reduce the length?

**Dry cleaner**
슈얼. 하우 머치 두 원 투 숄튼 뎀?
Sure. How much do you want to shorten them?

**Traveler**
캔 유 숄튼 뎀 뜨리 인치스?
Can you shorten them 3 inches?

**Dry cleaner**
슈얼.
Sure.

**Traveler**
땡큐.
Thank you.

역할 교체 연습  Dry cleaner   Traveler

| | |
|---|---|
| 세탁소 | 안녕하세요. 무엇을 도와드릴까요? |
| 여행자 | 안녕하세요. 이 청바지가 너무 길어서요. |
| Ⓐ | 이 청바지 길이를 줄이고 싶어요. |
| Ⓑ | (길이를) 줄여 주실 수 있나요? |
| 세탁소 | 네. 얼마나 줄이고 싶으세요? |
| 여행자 | 3인치 줄여 주실 수 있나요? |
| 세탁소 | 물론이죠. |
| 여행자 | 고맙습니다. |

**Traveler**
익스큐즈 미. 하우 머치 이즈 잇 투 드라이 클린 어 드레스 셜츠?
## Excuse me. How much is it to dry-clean a dress shirt?

**Dry cleaner**
잇 코스츠 텐 달럴즈.
## It costs 10 dollars.

**Traveler** Ⓐ
아이 니드 뜨리 셜츠 드라이 클린드.
## I need three shirts dry-cleaned.

Ⓑ
아이 원 투 겟 뜨리 셜츠 드라이 클린드.
## I want to get three shirts dry-cleaned.

하우 롱 윌 잇 테이크?
## How long will it take?

**Dry cleaner**
잇 윌비 뤠디 바이 디스 웬즈데이.
## It will be ready by this Wednesday.

**Traveler**
땡큐, 아윌 픽뎀업 덴.
## Thank you. I'll pick them up then.

역할 교체 연습  Dry cleaner   Traveler ⌒

| | |
|---|---|
| 여행자 | 실례합니다. 와이셔츠 한 벌을 드라이클리닝 하면 얼마인가요? |
| 세탁소 | 10달러입니다. |
| 여행자 Ⓐ | 셔츠 세 벌을 드라이클리닝 좀 해 주세요. |
| Ⓑ | 셔츠 세 벌을 드라이클리닝 하고 싶은데요. |
| | 세탁하는 데 얼마나 걸릴까요? |
| 세탁소 | 이번 주 수요일까지 준비될 것 같아요. |
| 여행자 | 감사합니다. 그때 찾으러 오겠습니다. |

## Dialogue 3 · 염색하기

 MP3 06-08

**Hair dresser**
헬로. 왓 두 유 해브 인 마인드?
**Hello. What do you have in mind?**

**Traveler ⓐ**
아이드 라잌 투 다이 마이 헤얼 브라운.
**I'd like to dye my hair brown.**

**ⓑ**
아이드 라잌 투 체인지 마이 헤얼 투 브라운.
**I'd like to change my hair to brown.**

**Hair dresser**
왓 카인드 옵 브라운 컬러 두 유 원트?
**What kind of brown color do you want?**

**Traveler**
쿠쥬 다이 마이 헤얼 달크 브라운?
**Could you dye my hair dark brown?**

**Hair dresser**
익스큐즈미? 위치 컬러?
**Excuse me? Which color?**

**Traveler**
달크 브라운, 플리즈.
**Dark brown, please.**

**Hair dresser**
슈얼, 아이 띵크 잇 윌 룩 그뤠잇 온 유.
**Sure, I think it will look great on you.**

역할 교체 연습  Hairdresser ✓  Traveler ◯

| | |
|---|---|
| 미용사 | 안녕하세요. 어떻게 해 드릴까요? |
| 여행자 ⓐ | 머리를 갈색으로 염색하고 싶은데요. |
| ⓑ | 머리를 갈색으로 바꾸고 싶은데요. |
| 미용사 | 어떤 종류의 갈색을 원하세요? |
| 여행자 | 진한 갈색으로 염색해 주세요. |
| 미용사 | 다시 말해 주시겠어요? 어떤 색상이요? |
| 여행자 | 진한 갈색이요. |
| 미용사 | 네. 손님한테 잘 어울릴 것 같네요. |

**머리 자르기**

 MP3 06-09

Traveler
아이드 라익 투 겟 어 헤얼컷.
**I'd like to get a haircut.**

Hair dresser
하우 머치 두 유 원 투 컷 오프?
**How much do you want to cut off?**

Traveler Ⓐ
아이 원 투 트림 어 리를.
**I want to trim a little.**

Ⓑ
아이 원 잇 투 마이 숄덜스.
**I want it to my shoulders.**

Hair dresser
오케이. 스텝 디스 웨이, 플리즈.
**OK. Step this way, please.**

Traveler
아이 원 어 샴푸, 플리즈.
**I want a shampoo, please.**

Hair dresser
슈얼, 유 해브투 페이 언 에디셔널 피.
**Sure. You have to pay an additional fee.**

Traveler
오케이. 아윌 페이 폴 잇.
**Okay. I'll pay for it.**

역할 교체 연습  Hairdresser   Traveler ⣀

| | | |
|---|---|---|
| 여행자 | | 머리를 자르고 싶어요. |
| 미용사 | | 어느 정도로 자를까요? |
| 여행자 | Ⓐ | 약간 다듬고 싶어요. |
| | Ⓑ | 어깨까지 오게 잘랐으면 좋겠어요. |
| 미용사 | | 네. 이쪽으로 오세요. |
| 여행자 | | 머리를 감겨 주세요. |
| 미용사 | | 네. 추가 요금을 내셔야 해요. |
| 여행자 | | 좋아요. 지불할게요. |

# 쓰며 익히기

**Dictation!** 녹음을 듣고 빈칸을 채워 문장을 완성해 보세요.  🔊 MP3 06-10

**1** I'd like to have these jeans _____.

**2** I need three shirts _____.

**3** It will be _____ this Wednesday.

**4** I'll _____ then.

**5** What do you have _____?

**6** How much do you want to _____?

**7** Step _____, please.

**8** You have to pay an _____.

| | | | |
|---|---|---|---|
| 1 shortened | 2 dry-cleaned | 3 ready by | 4 pick them up |
| 5 in mind | 6 cut off | 7 this way | 8 additional fee |

# 말하며 다지기

**Practice!** 힌트를 참고하여 다음 문장을 영어로 말해 보세요.

1 (길이를) 줄여 주실 수 있나요?

2 얼마나 걸리나요?

3 머리를 갈색으로 염색하고 싶습니다.

4 어떤 종류의 갈색을 원하세요?

5 머리를 자르고 싶어요.

6 약간 다듬고 싶어요.

7 머리를 감겨 주세요.

8 좋아요. 지불할게요.

> **Hint**
> reduce the length
> take
> dye
> kind of
> get a haircut
> trim
> shampoo
> pay

**Expression!** 주어진 상황에 적절한 영어 문장을 말해 보세요.

1 주인에게 내일 찾으러 오겠다고 말합니다.

2 상대에게 잘 어울릴 것 같다고 칭찬합니다.

3 직원에게 추가 비용을 내겠다고 말합니다.

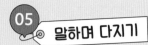

**01** 필수 단어

1 다듬다 trim　2 드라이클리닝하다 dry-clean　3 와이셔츠 dress shirt

4 염색하다 dye　5 추가 요금 additional fee　6 (길이를) 줄이다 reduce

7 짧게 하다 shorten　8 종류의 kind of

**05** 말하며 다지기

**Practice!**

1 Can you reduce the length?

2 How long will it take?

3 I'd like to dye my hair brown.

4 What kind of brown color do you want?

5 I'd like to get a haircut.

6 I want to trim a little.

7 I want a shampoo, please.

8 Okay. I'll pay for it.

**Expression!**

1 I'll pick (it/them) up tomorrow.

2 I think it will look great on you.

3 I'll pay an additional fee.

# 유럽 국가들의
# 음식 문화 소개

유럽은 각 국가마다 고유한 맛과 풍부한 향의 음식을 즐길 수 있는 도시들이 많습니다. 특색 있는 음식들을 음미하면서 그 지역의 문화를 느껴 보시기 바랍니다.

### 이탈리아(Italy)

이탈리아는 각 지역마다 다양한 종류의 피자와 파스타를 맛볼 수 있어요. 특히 피렌체와 로마는 지중해 음식이 풍부한데, 신선한 해산물과 향신료가 조화롭게 어우러진 요리들은 여행 객들의 입맛을 사로잡습니다.

### 프랑스(France)

프랑스는 고급 레스토랑에서부터 작은 빵집까지 음식의 폭이 넓습니다. 파리에서는 풍부한 생선과 해산물 요리를 맛볼 수 있고, 프로방스 지역에서는 허브와 양념이 풍부한 지중해 음식 을 즐길 수 있습니다.

### 독일(Germany)

독일은 지역별로 생산되는 특색 있는 소시지 외에 프렛젤(하트 모양의 베이커리 스낵)이나 린더 케이크(초콜릿과 호두로 만든 케이크) 같은 디저트류도 유명합니다. 독일의 음식 문화는 지역마다 개성이 강하며, 각 지역의 특산물을 활용한 요리들 을 즐길 수 있습니다.

# CHAPTER
# 07

# 쇼핑 1

## 필수 단어

MP3 07-01

진스
# jeans 청바지
I'm looking for the jeans.
저는 청바지를 찾고 있어요.

트라이 온
# try on 입어 보다
Can I try this on?
이거 입어 봐도 될까요?

핏잉룸
# fitting room 탈의실
The fitting rooms are over there.
탈의실은 저쪽에 있습니다.

온 세일
# on sale 할인 판매 중인
Is this on sale?
이거 할인 판매 중인가요?

클리어런스
# clearance 재고 정리
These items are on clearance.
이 품목들은 재고 정리 중입니다.

레귤럴 프라이스
# regular price 정가
This item is 20% off its regular price.
이 상품은 정가에서 20퍼센트 할인돼요.

스탑바이
# stop by 들르다
Please stop by again.
또 들러 주세요.

찰지
# charge 청구하다
Is service charged separately?
서비스 요금이 따로 청구되나요?

---

**Check!** 우리말 뜻과 알맞은 영어 단어를 이어 보세요.

1 청구하다 ●    ● regular price    5 할인 판매 중인 ●    ● clearance

2 탈의실 ●    ● try on    6 청바지 ●    ● stop by

3 입어 보다 ●    ● fitting room    7 들르다 ●    ● on sale

4 정가 ●    ● charge    8 재고 정리 ●    ● jeans

## 핵심 문장

🔊 MP3 07-02

| 핵심<br>문장<br>1 | 두 유 해브 디스 인 어 스몰럴 사이즈?<br>**Do you have this in a smaller size?**<br>이거 작은 사이즈 있어요? |

**어 사이즈 식스 (66 사이즈)**

**a size 6** ㅣ 이거 66 사이즈 있어요?

Practice & Check ⊘ ○ ○

**네이비 (진청색)**

**navy** ㅣ 이거 진한 청색 있어요?

○ ○ ○

**어 비걸 사이즈 (더 큰 사이즈)**

**a bigger size** ㅣ 이거 더 큰 사이즈 있어요?

○ ○ ○

🔊 MP3 07-03

| 핵심<br>문장<br>2 | 캔 아이 트라이 디스 온?<br>**Can I try this on?**<br>한번 입어 볼 수 있을까요? |

**쿠다이 (~할 수 있을까요?)**

**Could I** ㅣ 한번 입어 볼 수 있을까요?

Practice & Check ⊘ ○ ○

**메아이 (~해도 될까요?)**

**May I** ㅣ 한번 입어 봐도 될까요?

○ ○ ○

**이즈 잇 오케이 이프 아이 (~해도 괜찮을까요?)**

**Is it okay if I** ㅣ 한번 입어 봐도 괜찮을까요?

○ ○ ○

핵심
문장
**3**

이즈 디스 온 세일?

# Is this on sale?

이거 할인 판매 중인가요?

이즈 디스 아잍엠 온 세일?

**Is this item on sale?** | 이거 할인 판매 중인가요?

이즈 디스 프로덕트 온 세일?

**Is this product on sale?** | 이거 할인 판매 중인가요?

캔 아이 겟 어 디스카운트 온 디스?

**Can I get a discount on this?** | 이거 할인 받을 수 있나요?

핵심
문장
**4**

아이 띵크 썸띵 이즈 렁.

# I think something is wrong.

뭔가 잘못된 것 같아요.

아이 빌리브 썸띵 이즈 렁.

**I believe something is wrong.** | 뭔가 잘못된 것 같아요.

아이 띵크 데얼 메이비 언 에럴.

**I think there may be an error.** | 오류가 있는 것 같아요.

아이 띵크 데얼 마잇 비 언 이슈.

**I think there might be an issue.** |
문제가 있는 것 같아요.

## 실전 회화

**Dialogue 1** 의상 찾기  MP3 07-06

**Sales person**
캔 아이 헬퓨?
Can I help you?

**Traveler**
예스, 아임 룩킹 폴 더 진스.
Yes, I'm looking for the jeans.

**Sales person**
진스 알 오벌 히얼. 테익 유얼 타임 앤 룩 어라운드.
Jeans are over here. Take your time and look around.

**Traveler Ⓐ**
두 유 해브 디스 인 어 스몰럴 사이즈?
Do you have this in a smaller size?

**Ⓑ**
두 유 해브 디스 인 어 비걸 사이즈?
Do you have this in a bigger size?

**Sales person**
예스, 아윌 브링 잇 롸잇 어웨이.
Yes, I'll bring it right away.

**Traveler**
땡큐.
Thank you.

역할 교체 연습  Salesperson   Traveler ⟨ ⟩

| | | |
|---|---|---|
| 판매원 | | 도와드릴까요? |
| 여행자 | | 네, 저는 청바지를 찾고 있어요. |
| 판매원 | | 청바지는 이 쪽에 있습니다. 천천히 둘러보세요. |
| 여행자 | Ⓐ | 이거 더 작은 사이즈 있어요? |
| | Ⓑ | 이거 더 큰 사이즈 있어요? |
| 판매원 | | 네, 지금 가져다 드릴게요. |
| 여행자 | | 고맙습니다. |

캔 아이 트라이 디스 온?

Traveler Ⓐ **Can I try this on?**

이즈 잇 오케이 이프 아이 트라이 디스 온?

Ⓑ **Is it okay if I try this on?**

슈얼. 더 핕잉룸즈 알 오벌 데얼.

Sales person **Sure. The fitting rooms are over there.**

땡큐.

Traveler **Thank you.**

———— (a few minutes later) ————

오, 디스 이즈 왓 아임 룩킹 폴.

Traveler **Oh, this is what I'm looking for.**

잇 룩스 륄리 굿 온 유. 디즈 아잍엠즈 알 온 세일 나우.

Sales person **It looks really good on you. These items are on sale now.**

그뤠잇! 아윌 테잌 디스 원.

Traveler **Great! I'll take this one.**

역할 교체 연습  Salesperson ✓  Traveler ○

| | | |
|---|---|---|
| 여행자 | Ⓐ | 한번 입어 볼 수 있을까요? |
| | Ⓑ | 한번 입어 봐도 괜찮을까요? |
| 판매원 | | 물론입니다. 탈의실은 저 쪽에 있습니다. |
| 여행자 | | 감사해요. |
| | | (잠시 후) |
| 여행자 | | 오, 딱 내가 찾던 거예요. |
| 판매원 | | 정말 잘 어울리시네요. 이 상품들은 지금 할인 판매 중입니다. |
| 여행자 | | 좋아요. 이것으로 할게요. |

## Dialogue 3 계산하기

MP3 07-08

**Traveler**
익스큐즈 미. 두 유 해브 어 뉴 원?
Excuse me. Do you have a new one?

**Sales person**
슈얼. 히얼 유 알.
Sure. Here you are.

**Traveler Ⓐ**
이즈 디스 온 세일?
Is this on sale?

**Ⓑ**
캔 아이 겟 어 디스카운트 온 디스?
Can I get a discount on this?

**Sales person**
예스, 디스 아일엠 이즈 나우 투웨니 펄센트 오프 잇츠 레귤럴 프라이스.
Yes, this item is now 20% off its regular price.

**Traveler**
오, 잇츠 쏘 나이스! 캔 아이 페이 바이 크레딧칼드?
Oh, it's so nice! Can I pay by credit card?

**Sales person**
예스, 노 프라블럼. 땡큐 앤 플리즈 스탑 바이 어게인.
Yes, no problem. Thank you and please stop by again.

역할 교체 연습  Salesperson ☑  Traveler ⭕

| 여행자 | 실례합니다. 이거 새 상품 있나요? |
| 판매원 | 네. 여기 있습니다. |
| 여행자 Ⓐ | 이거 할인 판매 중인가요? |
| Ⓑ | 이거 할인 받을 수 있나요? |
| 판매원 | 네, 이 상품은 현재 정가에서 20퍼센트 할인돼요. |
| 여행자 | 오, 너무 좋네요! 신용카드로 지불할 수 있나요? |
| 판매원 | 네, 그럼요. 감사합니다. 또 오세요. |

**금액 확인하기**

**Traveler Ⓐ**
아이 띵크 썸띵 이즈 렁 윗 마이 빌.
I think something is wrong with my bill.

**Ⓑ**
아이 띵크 데얼 메이비 언 에럴 윗 마이 빌.
I think there may be an error with my bill.

**Sales person**
오, 렛미 씨.
Oh, Let me see.

**Traveler**
아이 띵크 유 찰지드 미 투와이스 바이 미스테이크.
I think you charged me twice by mistake.

**Sales person**
오, 아임 쏘 쏘리. 아이 캔 테익 케얼 옵 댓.
Oh, I'm so sorry. I can take care of that.

**Traveler**
댓츠 올 롸잇. 테익 유얼 타임.
That's all right. Take your time.

**Sales person**
히얼즈 유얼 뉴 빌. 아임 쏘리 어게인.
Here's your new bill. I'm sorry again.

**Traveler**
노 프라블럼.
No problem.

역할 교체 연습  Salesperson   Traveler ⟨ ⟩

| | | |
|---|---|---|
| 여행자 | Ⓐ | 계산서에 뭔가 잘못된 것 같아요. |
| | Ⓑ | 계산서에 오류가 있는 것 같아요. |
| 판매원 | | 제가 한번 볼게요. |
| 여행자 | | 실수로 두 번 결제한 것 같아요. |
| 판매원 | | 오, 정말 죄송합니다. 제가 처리해 드릴게요. |
| 여행자 | | 괜찮습니다. 천천히 하세요. |
| 판매원 | | 여기 새 계산서입니다. 다시 한번 사과드려요. |
| 여행자 | | 괜찮습니다. |

## 쓰며 익히기

**Dictation!** 녹음을 듣고 빈칸을 채워 문장을 완성해 보세요.　🔊 MP3 07-10

1 Do you have this in a _____?

2 Take your time and _____.

3 The fitting rooms are _____.

4 It looks really _____ you.

5 These items are _____ now.

6 This item is now 20% off its _____.

7 I can _____ of that.

8 I think you _____ me twice by mistake.

| | | | |
|---|---|---|---|
| 1 bigger size | 2 look around | 3 over there | 4 good on |
| 5 on sale | 6 regular price | 7 take care | 8 charged |

**Practice!** 힌트를 참고하여 다음 문장을 영어로 말해 보세요.

**Hint**

jeans

smaller size

looking for

on sale

get a discount

something is wrong

new bill

by credit card

**1** 저는 청바지를 찾고 있어요.

**2** 이거 더 작은 사이즈 있어요?

**3** 딱 내가 찾던 거에요.

**4** 이거 할인 판매 중인가요?

**5** 이거 할인 받을 수 있나요?

**6** 계산서에 뭔가 잘못된 것 같아요

**7** 여기 새 계산서입니다.

**8** 신용카드로 지불할 수 있나요?

**Expression!** 주어진 상황에 적절한 영어 문장을 말해 보세요.

**1** 한번 입어 봐도 되는지 물어봅니다.

**2** 새 상품이 있는지 물어봅니다.

**3** 직원에게 천천히 하시라고 말해 줍니다.

## 01 필수 단어

1 청구하다 charge  2 탈의실 fitting room  3 입어 보다 try on

4 정가 regular price  5 할인 판매 중인 on sale  6 청바지 jeans

7 들르다 stop by  8 재고 정리 clearance

## 05 말하며 다지기

**Practice!**

1 I'm looking for the jeans.

2 Do you have this in a smaller size?

3 This is what I'm looking for.

4 Is this on sale?

5 Can I get a discount on this?

6 I think something is wrong with my bill.

7 Here's your new bill.

8 Can I pay by credit card?

**Expression!**

1 Can I try this on? / Is it okay if I try this on?

2 Do you have a new one?

3 Take your time.

# 영국 '애프터눈 티'의 유래와 별칭 소개

영국은 전통적인 차 문화로 유명합니다. 오전, 오후 다양한 시간대에 차를 마시는 것이 일상적이며, 이는 영국 사회의 중요한 부분입니다. 이번 시간에는 영국 애프터눈 티(Afternoon tea)의 유래와 애프터눈 티를 뜻하는 다른 영어 표현들을 알아볼까요?

### 애프터눈 티의 유래

애프터눈 티는 주로 오후 3~4시 무렵에 가벼운 차와 샌드위치, 케이크, 스콘 등 다양한 간식을 함께 나누며 사교의 시간을 갖는 것으로, 그 유래에는 당시 귀족들의 호화스러운 생활 방식이 큰 영향을 끼쳤습니다.

19세기 영국에서는 아침 식사를 든든하게 먹지만, 점심은 간단하게 하는 문화가 있었습니다. 귀족들은 음악회나 연극을 관람한 후 저녁 늦게 만찬을 즐겼기 때문에 점심과 저녁 사이에 허기지는 경우가 많았습니다. 베드포드 7대 공작 부인인 '안나 마리아'는 오후 4시에 간식과 차를 즐기는 습관을 가지게 되었는데, 이것이 19세기 귀부인들 사이에 퍼져 애프터눈 티가 사교와 정보 교환의 장으로 자리잡게 되었습니다.

### 애프터눈 티의 별칭

| 로우티(Low Tea) | 식탁보다 낮은 테이블에서 낮은 팔걸이 의자에 앉아서 즐기기 때문에 로우티라고 불립니다. |
|---|---|
| 리틀티(Little Tea) | 제공되는 음식이 양이 적고 심플하게 구성되기 때문에 리틀티라는 별칭을 가지게 되었습니다 |
| 핸디드 티(Handed Tea) | 초대한 집의 여주인이 찻잔을 차례대로 돌리던 습관 때문에 핸디드 티로 불리기도 합니다. |

# CHAPTER

# 08  쇼핑 2

## 필수 단어

MP3 08-01

드라이 스킨
# dry skin 건조한 피부
I have dry skin.
저의 피부는 건조해요.

센트
# scent 향기
The scent is too strong.
향이 너무 진해요.

브랜뉴
# brand-new 신상품
It is our brand-new toner.
저희 신상품 스킨입니다.

샘플
# sample 샘플, 견본품
a free sample
무료 샘플

리펀드
# refund 환불(하다)
I'd like a refund.
환불하고 싶습니다.

리턴
# return 반품(하다)
Why are you returning it?
반품하려는 이유는 무엇인가요?

익스펙테이션즈
# expectations 기대, 기대치
It didn't meet my expectations.
저의 기대치에 미치지 못했습니다.

익스체인지
# exchange 교환(하다)
I'd like to exchange this shirt.
이 셔츠를 교환하고 싶습니다.

---

**Check!** 우리말 뜻과 알맞은 영어 단어를 이어 보세요.

1 신상품　　●　　● refund

2 교환(하다)　　●　　● exchange

3 환불(하다)　　●　　● dry skin

4 건조한 피부　●　　● brand-new

5 기대, 기대치 ●　　● scent

6 향기　　●　　● return

7 샘플　　●　　● expectations

8 반품(하다)　●　　● sample

MP3 08-02

| 핵심<br>문장<br>1 | 아이 해브 드라이 스킨.<br>**I have dry skin.**<br>저의 피부는 건조해요. |

센서티브 스킨 (민감성 피부)

**sensitive skin** | 저의 피부는 민감해요.

Practice & Check

놀멀 스킨 (중성 피부)

**normal skin** | 저의 피부는 중성이에요.

오일리 스킨 (지성 피부)

**oily skin** | 저의 피부는 지성이에요.

MP3 08-03

| 핵심<br>문장<br>2 | 캔 아이 겟 썸 샘플즈?<br>**Can I get some samples?**<br>샘플을 좀 받을 수 있을까요? |

쿠다이 겟 (~을 얻을 수 있나요?)

**Could I get** | 샘플을 좀 받을 수 있을까요?

Practice & Check

메아이 겟 (~을 얻을 수 있나요?)

**May I get** | 샘플을 좀 받을 수 있을까요?

이짓 파서블 투 겟 (~을 얻는 것이 가능할까요?)

**Is it possible to get** | 샘플을 좀 받을 수 있을까요?

**핵심 문장 3**

아이드 라익 어 리펀드 폴 디스 아읽엠.

# I'd like a refund for this item.

이 제품 환불하려고 합니다.

---

투 겟 어 리펀드 (환불하다)

## to get a refund | 이 제품을 환불하려고 합니다.

Practice & Check

투 리퀘스트 어 리펀드 (환불을 요청하다)

## to request a refund | 이 제품의 환불을 요청하려고 합니다.

투 프로세스 어 리펀드 (환불을 진행하다)

## to process a refund | 이 제품의 환불을 진행하려고 합니다.

---

**핵심 문장 4**

위치 사이즈 우쥬 라이크?

# Which size would you like?

어떤 사이즈를 원하시나요?

---

두 유 해빈 마인드? (마음에 두고 계세요?)

## do you have in mind? | 어떤 사이즈를 마음에 두고 계시나요?

Practice & Check

알 유 룩킹 폴? (~을 찾고 계세요?)

## are you looking for? | 어떤 사이즈를 찾고 계세요?

두 유 프리펄? (~을 선호하세요?)

## do you prefer? | 어떤 사이즈를 선호하세요?

## 03 실전 회화

### Dialogue 1  화장품 찾기

🔊 MP3 08-06

**Sales person**
캔 아이 헬퓨?
## Can I help you?

**Traveler**
아임 룩킹 폴 토널.
## I'm looking for toner.

**Sales person**
아이 씨. 왓 타입 옵 스킨 두 유 해브?
## I see. What type of skin do you have?

**Traveler Ⓐ**
아이 해브 드라이 앤 센서티브 스킨.
## I have dry and sensitive skin.

**Ⓑ**
아이 해브 놀멀 스킨.
## I have normal skin.

**Ⓒ**
아이 해브 오일리 스킨.
## I have oily skin.

**Sales person**
하우 두 유 라익 디스 원? 유 캔 트라이 잇.
## How do you like this one? You can try it.

**Traveler**
오, 더 센트 이즈 투 스트롱.
## Oh, the scent is too strong.

역할 교체 연습  Salesperson   Traveler ⭘

| | | |
|---|---|---|
| 판매원 | | 도와드릴까요? |
| 여행자 | | 저는 토너를 찾고 있어요. |
| 판매원 | | 그러시군요. 피부 타입이 어떻게 되세요? |
| 여행자 | Ⓐ | 저의 피부는 건조하고 예민해요. |
| | Ⓑ | 저의 피부는 중성이에요. |
| | Ⓒ | 저의 피부는 지성이에요. |
| 판매원 | | 이 제품은 어떠세요? 한번 사용해 보세요. |
| 여행자 | | 아, 향이 너무 강하네요. |

98

**Sales person**

디스 이즈 아월 브랜뉴 토널. 유 캔 트라이 잇.

## This is our brand-new toner. You can try it.

**Traveler**

오, 잇츠 모이스트 앤 마일드. 아월 테익 디스 원.

## Oh, it's moist and mild. I'll take this one.

캔 아이 겟 썸 샘플즈?

**Ⓐ Can I get some samples?**

쿠다이 겟 썸 샘플즈?

**Ⓑ Could I get some samples?**

이짓 파시블 투 겟 썸 샘플즈?

**Ⓒ Is it possible to get some samples?**

**Sales person**

슈얼. 하우 우쥬 라익 투 페이?

## Sure. How would you like to pay?

아월 페이 바이 크레딧 칼드.

**Traveler Ⓐ I'll pay by credit card.**

아이드 라익 투 페이 인 캐시.

**Ⓑ I'd like to pay in cash.**

역할 교체 연습  Salesperson   Traveler ⋯

| | |
|---|---|
| 판매원 | 저희 신상품 스킨입니다. 한번 써 보세요. |
| 여행자 | 아, 촉촉하고 자극이 없어요. 이걸로 할게요. |
| | Ⓐ 샘플을 좀 받을 수 있을까요? |
| | Ⓑ 샘플을 좀 받을 수 있을까요? |
| | Ⓒ 샘플을 좀 받을 수 있을까요? |
| 판매원 | 네. 계산은 어떻게 하시겠어요? |
| 여행자 | Ⓐ 신용카드로 지불할게요. |
| | Ⓑ 현금으로 지불할게요. |

## 실전 회화

**Dialogue 3** 환불하기  MP3 08-08

Traveler **Ⓐ**
하이. 아이드 라잌 어 리펀드 폴 디스 아읻엠, 플리즈.
Hi. I'd like a refund for this item, please.

**Ⓑ**
하이. 아이드 라잌 투 겟 어 리펀드, 플리즈.
Hi. I'd like to get a refund, please.

Sales person
슈얼, 두 유 해브 더 리씨트?
Sure, do you have the receipt?

Traveler
예스, 히얼 잇 이즈.
Yes, here it is.

Sales person
와이 알 유 리터닝 잇?
Why are you returning it?

Traveler
잇 디든 밑 마이 익스펙테이션즈. 아이 파운드 썸띵 엘스.
It didn't meet my expectations. I found something else.

Sales person
오케이, 에즈 롱 에즈 잇츠 언유즈드 앤 윗 택스, 아이 캔 프로세스 더 리펀. 올 쎗!
Okay. As long as it's unused and with tags, I can process the refund. All set!

역할 교체 연습  Salesperson   Traveler ⌣

여행자 **Ⓐ** 안녕하세요. 이 제품을 환불하려고 하는데요.
**Ⓑ** 안녕하세요. 환불하려고 하는데요.
판매원 그럼요, 영수증 있으신가요?
여행자 네, 여기 있습니다.
판매원 반품하려는 이유는 무엇인가요?
여행자 제 기대치에 맞지 않아서요. 다른 것을 찾았어요.
판매원 그렇군요. 사용하지 않고 택도 있는 한, 환불 처리를 해 드릴 수 있습니다. 다 됐어요!

**Traveler**
캔 아이 익스체인지 잇 폴 어 디프런트 사이즈, 플리즈?
Can I exchange it for a different size, please?

**Sales person**
옵콜스. 두 유 해브 더 리씨트?
Of course. Do you have the receipt?

**Traveler**
예스. 히얼 잇 이즈.
Yes, here it is.

**Sales person**
위치 사이즈 우쥬 라이크?
Ⓐ Which size would you like?

위치 사이즈 두 유 해브 인 마인드?
Ⓑ Which size do you have in mind?

위치 사이즈 알 유 룩킹 폴?
Ⓒ Which size are you looking for?

**Traveler**
아이드 라익 어 미디움, 플리즈.
I'd like a medium, please.

**Sales person**
노 프라블럼. 히얼즈 더 미디움 폴 유.
No problem. Here's the medium for you.

역할 교체 연습  Salesperson  ✓  Traveler  ◯

| | |
|---|---|
| 여행자 | 이거 다른 사이즈로 교환 가능할까요? |
| 판매원 | 물론이죠. 영수증 있으신가요? |
| 여행자 | 네, 여기 있습니다. |
| 판매원 Ⓐ | 어떤 사이즈를 원하시나요? |
| Ⓑ | 어떤 사이즈를 마음에 두고 계시나요? |
| Ⓒ | 어떤 사이즈를 찾고 계시나요? |
| 여행자 | 중간 사이즈로 바꿔 주세요. |
| 판매원 | 그럼요. 여기 중간 사이즈입니다. |

## 쓰며 익히기

Dictation! 녹음을 듣고 빈칸을 채워 문장을 완성해 보세요.     🔊 MP3 08-10

1 I have dry and _____ skin.

2 The scent is _____.

3 This is our _____ toner.

4 How would you like _____?

5 How _____ this one?

6 Do you have _____?

7 It didn't meet my _____.

8 Here's _____ for you.

| 1 sensitive | 2 too strong | 3 brand-new | 4 to pay |
| 5 do you like | 6 the receipt | 7 expectations | 8 the medium |

# 05 말하며 다지기

**Practice!** 힌트를 참고하여 다음 문장을 영어로 말해 보세요.

**1** 도와드릴까요?

**2** 저의 피부는 지성이에요.

**3** 이걸로 할게요.

**4** 샘플을 좀 받을 수 있을까요?

**5** 신용카드로 지불할게요.

**6** 이 제품을 환불하려고 하는데요.

**7** 반품하려는 이유가 무엇인가요?

**8** 다른 것을 찾았어요.

**Hint**

help

oily skin

take

some samples

credit card

refund

returning

found

---

**Expression!** 주어진 상황에 적절한 영어 문장을 말해 보세요.

**1** 직원에게 토너를 찾고 있다고 말합니다.

**2** 기대에 미치지 못했기 때문이라고 대답합니다.

**3** 어떤 사이즈를 원하는지 물어봅니다.

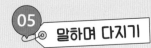

# 바로바로 정답 확인

## 01 필수 단어

1 신상품 brand-new  2 교환(하다) exchange  3 환불(하다) refund

4 건조한 피부 dry skin  5 기대, 기대치 expectations  6 향기 scent

7 샘플 sample  8 반품(하다) return

## 05 말하며 다지기

### Practice!

1 Can I help you?

2 I have oily skin.

3 I'll take this one.

4 Can I get some samples? / Could I get some samples?

5 I'll pay by credit card.

6 I'd like a refund for this item, please.

7 Why are you returning it?

8 I found something else.

### Expression!

1 I'm looking for a toner.

2 It didn't meet my expectations.

3 Which size would you like? / Which size do you have in mind?
  Which size are you looking for?

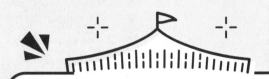

# 호주식 영어
# Aussie-English

호주는 놀라운 자연 경관과 독특한 아웃도어 스포츠, 그리고 신기한 동물 체험으로 유명합니다. 호주에서 사용하는 언어는 미국식 영어와는 약간 다른 억양과 표현을 가지고 있어요. 호주식 표현을 몇 가지 알아볼까요?

### 호주식 영어의 생성 배경

호주식 영어를 Aussie-English라고 부르는데, 이는 Australia와 English의 합성어입니다. 호주는 과거 영국의 식민지였기에 영국식 영어가 일반적으로 쓰였습니다. 그러나 시간이 지남에 따라 미국식 영어의 영향을 받아 현재의 독특한 억양과 표현을 가지게 되었습니다.

| 미국 영어 | 호주 영어 |
|---|---|
| BBQ (비비큐, 바베큐) | Barbie (바비) |
| Good day! (굿 데이!) | G'Day (구다이) |
| Business hours (비즈니스 아월스) | Trading hours (트레이딩 아월스) |

### 호주식 영어의 줄임말

- 오후(Afternoon) → Arvo(알보)
- 고마워요(Thank you) → Ta(타)
- 아침식사(Breakfast) → Brekkie(브레키)
- 요일(Monday, Tuesday, Wednesday,…)
  → Mondie(먼디), Tuesdie(튜즈디), Wednesdie(웬즈디) ,…

호주 여행 중에 Aussie-English를 듣게 된다면 여행의 또 다른 즐거움을 찾으실 수 있을 것입니다.

# CHAPTER
# 09

# 식당

# 01 필수 단어

리절브

## reserve 예약하다

Did you reserve?

예약을 하셨나요?

올덜

## order 주문(하다)

What would you like to order?

어떤 요리를 주문하시겠어요?

언덜쿡트

## undercooked 덜 익다

It looks undercooked.

덜 익은 것 같아요.

레코멘드

## recommend 추천하다

recommend a restaurant

식당을 추천하다

프리퍼런스

## preference 선호도

personal preference

개인적 선호도

오벌던

## overdone 너무 익힌

This meat is overdone.

이 고기는 너무 구워졌어요.

프리페얼

## prepare 준비하다

prepare new dish

새로운 요리를 준비하다

파퓰럴

## popular 인기 있는

This is our most popular item.

이것은 가장 인기 있는 제품입니다.

---

**Check!** 우리말 뜻과 알맞은 영어 단어를 이어 보세요.

**1** 준비하다 ●    ● popular

**2** 너무 익힌 ●    ● reserve

**3** 예약하다 ●    ● prepare

**4** 인기 있는 ●    ● overdone

**5** 주문(하다) ●    ● preference

**6** 추천하다 ●    ● undercooked

**7** 덜 익다 ●    ● order

**8** 선호도 ●    ● recommend

## 핵심 문장

MP3 09-02

**핵심
문장
1**

아이드 라익 투 리절브 어 테이블 폴 투나잇.

# I'd like to reserve a table for tonight.

오늘 밤으로 예약하고 싶어요.

메익 어 레절베이션 (예약을 하다)

**Practice & Check**

**make a reservation** | 오늘 밤으로 예약하고 싶어요.

북 어 테이블 (자리를 예약하다)

**book a table** | 오늘 밤으로 자리를 예약하고 싶어요.

리절브 어 스팟 (자리를 예약하다)

**reserve a spot** | 오늘 밤으로 자리를 예약하고 싶어요.

MP3 09-03

**핵심
문장
2**

왓 우쥬 라익 투 올덜?

# What would you like to order?

어떤 요리를 주문하시겠어요?

올덜 폴 디널 (디너 요리를 주문하다)

**Practice & Check**

**order for dinner** | 저녁 식사로 어떤 요리를 주문하시겠어요?

트라이 프롬 아월 메뉴 (메뉴에서 주문하다)

**try from our menu** | 메뉴에서 어떤 요리를 주문하시겠어요?

드링크 윗 유얼 밀 (식사와 함께 마시다)

**drink with your meal** | 식사와 함께 어떤 음료를 드시겠습니까?

MP3 09-04

**핵심 문장 3**

아이드 라잌 더 누들즈 투 비 슬라잇리 언덜쿡트.

# I'd like the noodles to be slightly undercooked.

면은 덜 익혀 주셨으면 좋겠어요.

**Practice & Check**

더 밋 투 비 웰던 (고기가 잘 익다)

## the meat to be well done ㅣ

고기를 잘 익혀 주셨으면 좋겠어요.

더 소스 투 비 어 빗 스파이시 (소스를 조금 매콤하게 하다)

## the sauce to be a bit spicy ㅣ

소스를 조금 매콤하게 해 주셨으면 좋겠어요.

MP3 09-05

**핵심 문장 4**

하우 워즈 유얼 푸드?

# How was your food?

식사는 어떠셨나요?

**Practice & Check**

디쥬 인조이 유얼 밀?

## Did you enjoy your meal? ㅣ 식사는 맛있게 하셨나요?

하우 디쥬얼 푸드 테이스트?

## How did your food taste? ㅣ 음식 맛은 어떠셨나요?

하우 디쥬 파인드 유얼 밀?

## How did you find your meal? ㅣ 식사는 어떠셨나요?

## 03

## 실전 회화

### Dialogue 1  식당 예약

 MP3 09-06

**Traveler**
헬로, 아이드 라잌 투 리절브 어 테이블 폴 투마로 이브닝. 우드 잇 비 파시블?
Hello, I'd like to reserve a table for tomorrow evening. Would it be possible?

**Server**
슈얼. 하우 랄지 이즈 유얼 팔이?
Sure, how large is your party?

**Traveler**
어 테이블 폴 투, 플리즈.
A table for two, please.

**Server**
예스, 메아이 해브 유얼 네임 앤 폰 넘벌, 플리즈?
Yes. May I have your name and phone number, please?

**Traveler**
메리, 앤 잇츠 원 투 뜨리-폴 파이브 식스-세븐 에잇 나인 지로.
Mary, and it's 123-456-7890.

**Server**
왓 타임 두 유 원 투  메잌 어 레절베이션?
What time do you want to make a reservation?

**Traveler**
세븐 우드 비 나이스.
7:00 would be nice.

역할 교체 연습  Server ✓  Traveler ◯

| | |
|---|---|
| 여행자 | 안녕하세요, 내일 저녁에 예약하고 싶습니다. 가능할까요? |
| 종업원 | 물론입니다, 일행이 몇 분이세요? |
| 여행자 | 두 명이 앉을 수 있는 테이블을 부탁합니다. |
| 종업원 | 네. 성함과 전화 번호를 알 수 있을까요? |
| 여행자 | Mary, 번호는 123-456-7890번입니다. |
| 종업원 | 몇 시로 예약을 원하시나요? |
| 여행자 | 7시가 좋을 것 같아요. |

메뉴 추천　　　　　　　　🔊 MP3 09-07

**Server**
히얼즈 더 메뉴.
Here's the menu.

왓 우쥬 라익 투 올덜?
Ⓐ What would you like to order?

왓 우쥬 라익 투 올덜 폴 디널?
Ⓑ What would you like to order for dinner?

왓 우쥬 라익 투 트라이 프롬 아월 메뉴?
Ⓒ What would you like to try from our menu?

**Traveler**
플리즈 레코멘드 어 디쉬 폴 어스.
Please recommend a dish for us.

**Server**
슈얼. 하우 어바웃 칼보나라 파스타? 잇 이즈 더 모스트 파퓰럴 디쉬 인 아월 레스토랑.
Sure. How about Carbonara pasta? It is the
most popular dish in our restaurant.

**Traveler**
덴, 아이드 라익 투 올덜 칼보나라 폴 투, 플리즈.
Then, I'd like to order Carbonara for two,
please.

역할 교체 연습　Server ✓　　Traveler ⚪

| | |
|---|---|
| 종업원 | 여기 메뉴판입니다. |
| Ⓐ | 어떤 요리를 주문하시겠어요? |
| Ⓑ | 저녁 식사로 어떤 요리를 주문하시겠어요? |
| Ⓒ | 메뉴에서 어떤 요리를 주문하시겠어요? |
| 여행자 | 저희에게 요리를 추천해 주시기 바랍니다. |
| 종업원 | 네. '까르보나라' 파스타는 어떠세요? 저희 식당에서 가장 인기 있는 요리입니다. |
| 여행자 | 그럼 '까르보나라'로 2인분 부탁드립니다. |

## 실전 회화

**Dialogue 3** 요청사항  MP3 09-08

아이드 라잌 더 누들즈 투 비 슬라잇리 언덜쿡트.
**Traveler** Ⓐ I'd like the noodles to be slightly undercooked.

아이드 라잌 더 소스 투 비 어 빗 스파이시.
Ⓑ I'd like the sauce to be a bit spicy.

앤드 플리즈 레코멘드 어 와인 댓 페얼즈 웰 윗 더 파스타.
And please recommend a wine that pairs well with the pasta.

두 유 해브 애니 프리퍼런스?
**Server** Do you have any preference?

낫띵 스페셜.
**Traveler** Nothing special.

디스 파스타 페얼즈 웰 윗 와잇와인.
**Server** This pasta pairs well with white wine.

덴, 아윌 해브 와잇 와인.
**Traveler** Then, I'll have white wine.

역할 교체 연습 Server  Traveler ⋯

여행자 Ⓐ 파스타 면은 덜 익혀 주셨으면 좋겠어요.
Ⓑ 소스를 조금 매콤하게 해 주셨으면 좋겠어요.
그리고 이 파스타와 어울리는 와인으로 추천 부탁합니다.
종업원 선호하는 와인이 있으세요?
여행자 딱히 없어요.
종업원 이 파스타는 화이트 와인과 잘 어울립니다.
여행자 그럼, 화이트 와인으로 주문할게요.

요리 코멘트  MP3 09-09

Server Ⓐ
하우 워즈 유얼 푸드?
**How was your food?**

Ⓑ
디쥬 인조이 유얼 밀?
**Did you enjoy your meal?**

Traveler
잇 테이스츠 올 라잇, 벗 더 누들즈 월 어 빗 오벌던.
**It tastes all right, but the noodles were a bit overdone.**

Server
오, 아임 쏘리. 이프 유 돈 마인드, 메아이 프리페얼 어 뉴 디쉬 폴 유?
**Oh, I'm sorry. If you don't mind, may I prepare a new dish for you?**

Traveler
노, 땡스. 더 와인 워즈 그뤠잇.
**No, thanks. The wine was great.**

쿠다이 해브 더 빌, 플리즈?
**Could I have the bill, please?**

역할 교체 연습  Server  Traveler

종업원 Ⓐ 식사는 어떠셨나요?
Ⓑ 식사는 맛있게 하셨나요?
여행자 맛은 괜찮은데, 면이 좀 많이 익어서 나왔어요.
종업원 아, 죄송합니다. 괜찮으시면 요리를 새로 준비해 드려도 될까요?
여행자 괜찮습니다. 추천해 주신 와인은 너무 좋았어요.
계산서 좀 주시겠어요?

**쓰며 익히기**

**Dictation!** 녹음을 듣고 빈칸을 채워 문장을 완성해 보세요. 🔊 MP3 09-10

**1** I'd like to _____ for tonight.

**2** _____ is your party?

**3** _____ your name and phone number?

**4** What time do you want to make _____?

**5** I'd like the noodles to be slightly _____.

**6** This pasta _____ with white wine.

**7** The noodles were a bit _____.

**8** Could I have _____, please?

| | | | |
|---|---|---|---|
| 1 book a table | 2 How large | 3 May I have | 4 a reservation |
| 5 undercooked | 6 pairs well | 7 overdone | 8 the bill |

# 말하며 다지기

**Practice!** 힌트를 참고하여 다음 문장을 영어로 말해 보세요.

 **Hint**

1 내일 저녁에 예약하고 싶습니다.

2 두 명이 앉을 수 있는 테이블을 부탁합니다.

3 어떤 요리를 주문하시겠어요?

4 '까르보나라'로 2인분 부탁드립니다.

5 저희에게 요리를 추천해 주시기 바랍니다.

6 선호하는 것이 있으세요?

7 식사는 맛있게 하셨나요?

8 요리를 새로 준비해 드려도 될까요?

- reserve a table
- for two
- order
- Carbonara
- recommend
- preference
- enjoy
- prepare

**Expression!** 주어진 상황에 적절한 영어 문장을 말해 보세요.

1 예약 시간을 묻는 질문에 7시가 좋겠다고 대답합니다.

2 화이트 와인을 주문하겠다고 말합니다.

3 종업원에게 계산서를 요청합니다.

**01** 필수 단어

1 준비하다 prepare  2 너무 익힌 overdone  3 예약하다 reserve

4 인기 있는 popular  5 주문(하다) order  6 추천하다 recommend

7 덜 익다 undercooked  8 선호도 preference

**05** 말하며 다지기

Practice!

1 I'd like to reserve a table for tomorrow evening.

2 A table for two, please.

3 What would you like to order?

4 I'd like to order Carbonara for two, please.

5 Please recommend a dish for us.

6 Do you have any preference?

7 Did you enjoy your meal?

8 May I prepare a new dish for you?

Expression!

1 7:00 would be nice.

2 I'll have white wine.

3 Could I have the bill, please?

# 음식이 많이 남았을 때
# 포장하는 방법

식당에서 음식이 많이 남아 포장하는 경우가 있는데요. 특히 미국 레스토랑에서 먹을 때는 양이 굉장히 많기 때문에 음식이 남는 경우가 흔합니다. 남은 음식을 포장해 달라고 요청할 때는 어떻게 말해야 할까요?

남은 음식은 보통 leftover(레프트오벌)이라고 합니다. '음식이 남았습니다.'라는 표현은 아래와 같이 말할 수 있습니다.

## We have some leftovers.
위 해브 썸 레프트오벌스.

'남은 음식을 포장해 주시겠어요?'라고 할 때는 다음과 같이 말해 보세요.

## Can I get these leftovers to go?
캔 아이 겟 디즈 레프트오벌스 투 고?

포장 용기는 To-go box(투고 박스) 또는 container(컨테이널)이라고 합니다. 만약 직접 포장해야 할 경우에는 '포장 박스를 주세요.'라고 요청하시면 됩니다.

## Can we get a to-go box for the leftovers, please?
캔 위 겟 어 투 고 박스 폴 더 레프트오벌스, 플리즈?

레스토랑에서 음식을 너무 많이 시켜 남았다면 이런 표현들을 유용하게 사용해 보세요!

# CHAPTER
# 10 커피숍

## 필수 단어

MP3 10-01

아이스드
# iced 차가운
I'd like an iced Americano.
아이스 아메리카노 하나 주세요.

엑스트라
# extra 추가(여분)의
With an extra shot, please.
샷 추가해 주세요.

앱솔룰리
# absolutely 물론이다
Are you sure?   Absolutely!
너 확실해?      물론이지!

어벨러블
# available 이용 가능한
Is iced coffee available?
차가운 커피 가능한가요?

섭스티튜트
# substitute 대용품
I'd like to use oat milk as a substitute.
(우유) 대용품으로 귀리 우유를 쓰고 싶어요.

캘리얼
# carrier 운반 용기
Can I get a carrier, please?
캐리어를 받을 수 있나요?

모디파이
# modify 변경하다
I'd like to modify my order.
주문을 변경하고 싶습니다.

인스테드 오브
# instead of ~대신에
Let me get a cupcake instead of the scone.
스콘 대신 컵케이크로 주세요.

**Check!** 우리말 뜻과 알맞은 영어 단어를 이어 보세요.

1 대용품 ●    ● iced

2 운반 용기 ●    ● substitute

3 물론이다 ●    ● carrier

4 차가운 ●    ● absolutely

5 이용 가능한 ●    ● modify

6 변경하다 ●    ● extra

7 추가(여분)의 ●    ● instead of

8 ~ 대신에 ●    ● available

## 핵심 문장

MP3 10-02

### 핵심 문장 1

우쥬 라이킷 핫 오얼 아이스드?

# Would you like it hot or iced?

뜨겁게 드릴까요, 차갑게 드릴까요?

---

윗 크림 오얼 슈걸 (크림 또는 설탕)                    **Practice & Check**

**with cream or sugar** | 크림을 넣을까요, 설탕을 넣을까요?    ✓ ○ ○

윗 프라이즈 오얼 샐러드 (감자 튀김 또는 샐러드)

**with fries or a salad** | 감자튀김 드릴까요, 샐러드를 드릴까요?    ○ ○ ○

그릴드 오얼 프라이드 (구운 것 또는 튀긴 것)

**grilled or fried** | 구워서 드릴까요, 튀겨서 드릴까요?    ○ ○ ○

---

MP3 10-03

### 핵심 문장 2

캔유 메잌 더 커피 스트롱?

# Can you make the coffee strong?

커피를 더 진하게 해 주실 수 있을까요?

---

메이킷 스트롱걸 (진하게 하다)                    **Practice & Check**

**make it stronger** | 커피를 더 진하게 해 주실 수 있을까요?    ✓ ○ ○

에드 언 엑스트라 샷 (샷을 추가하다)

**add an extra shot** | 샷 추가 가능할까요?    ○ ○ ○

립 아웃 원 샷 (샷 하나를 빼다)

**leave out one shot** | 샷 하나를 뺄 수 있을까요?    ○ ○ ○

### 핵심 문장 3

히얼 오얼 투 고?

# Here or to go?

여기서 드시나요, 아니면 가지고 가시나요?

---

이즈 디스 폴 히얼 오얼 투 고?

## Is this for here or to go? ㅣ

Practice & Check

여기서 드시나요, 아니면 가지고 가시나요?

두유 원 디스 폴 히얼 오얼 투 고?

## Do you want this for here or to go? ㅣ

여기서 드시기를 원하세요, 아니면 가져가기를 원하세요?

### 핵심 문장 4

렛 미 겟 어 컵케익 인스테드 옵 더 스콘.

# Let me get a cupcake instead of the scone.

스콘 대신 컵케이크로 주세요.

---

언 어메리카노, 더 카페 라테 (어메리카노, 라떼)

## an Americano, the cafe latte ㅣ

Practice & Check

라떼 대신 아메리카노로 주세요.

핫 커피, 아이스드 커피 (뜨거운 커피, 차가운 커피)

## hot coffee, iced coffee ㅣ

차가운 커피 대신 뜨거운 커피로 주세요.

**Dialogue 1** 음료 주문 ①  MP3 10-06

Staff
캔 아이 헬프 더 넥스트 커스토멀? 왓 캔 아이 겟 폴유?
## Can I help the next customer? What can I get for you?

Traveler
아이드 라잌 어 카페 라테.
## I'd like a cafe latte.

Staff
슈얼. 왓 사이즈?
## Sure. What size?

Traveler
렛미 겟 어 랄지 사이즈.
## Let me get a large size.

Staff
우쥬 라이킷 핫 오얼 아이스드?
## Would you like it hot or iced?

Traveler Ⓐ
아이스드, 플리즈.
## Iced, please.

Ⓑ
아이드 라이킷 핫.
## I'd like it hot.

Staff
슈얼.
## Sure.

역할 교체 연습  Staff   Traveler ⦙⦙

| | | |
|---|---|---|
| 직 원 | | 다음 손님 도와드릴게요. 무엇으로 드릴까요? |
| 여행자 | | 카페 라떼 하나 주세요. |
| 직 원 | | 네, 어떤 사이즈로 드릴까요? |
| 여행자 | | 큰 사이즈로 주세요. |
| 직 원 | | 뜨겁게 드릴까요, 차갑게 드릴까요? |
| 여행자 | Ⓐ | 차갑게요. |
| | Ⓑ | 뜨겁게 해 주세요. |
| 직 원 | | 네. |

Traveler **A**
캔 유 메잌 더 커피 스트롱?
## Can you make the coffee strong?

**B**
캔 유 에드 언 엑스트라 샷?
## Can you add an extra shot?

Staff
앱솔룻리. 애니 아덜 프리퍼런스?
## Absolutely. Any other preferences?

Traveler
예스. 아이드 라잌 투 유즈 올밀크 에즈 어 썹스티튜트.
## Yes. I'd like to use oat milk as a substitute.

Staff
슈얼. 올밀크 이즈 어베일러블.
## Sure. Oat milk is available.

우쥬 라잌 애니 씨럽 오얼 플레이벌 에디드 투 유얼 커피?
## Would you like any syrup or flavor added to your coffee?

Traveler
노, 땡큐. 저스트 스트롱걸 커피 윗 올밀크, 플리즈.
## No, thank you. Just stronger coffee with oat milk, please.

역할 교체 연습 Staff  Traveler ⟨⟩

| 여행자 | **A** | 커피를 더 진하게 해 주실 수 있을까요? |
| --- | --- | --- |
| | **B** | 샷 추가 가능할까요? |
| 직 원 | | 물론이죠. 그 밖에 선호하시는 것이 있으신요? |
| 여행자 | | 네. (우유) 대용품으로 귀리 우유를 쓰고 싶어요. |
| 직 원 | | 물론이죠. 귀리 우유로 가능합니다. |
| | | 시럽이나 다른 맛 추가하시고 싶으신 것 있으신가요? |
| 여행자 | | 아니요, 진한 커피에 귀리 우유면 됩니다. |

### Dialogue 3  추가 주문

 MP3 10-08

**Staff**
애니띵 앨스?
Anything else?

**Traveler**
렛 미 올쏘 겟 언 아이스드 어메리카노 앤 어 스콘. 댓츠 잇.
Let me also get an iced Americano and a scone. That's it.

**Staff** Ⓐ
히얼 오얼 투 고?
Here or to go?

Ⓑ
이즈 디스 폴 히얼 오얼 투 고?
Is this for here or to go?

**Traveler** Ⓐ
폴 히얼. 쿠다이 해브 잇 인 어 머그?
For here. Could I have it in a mug?

Ⓑ
아윌 테익 뎀 투 고. 캔 아이 겟 어 캘리얼, 플리즈?
I'll take them to go. Can I get a carrier, please?

**Staff**
슈얼. 유 캔 픽업 유얼 오덜 오벌 데얼.
Sure. You can pick up your order over there.

역할 교체 연습  Staff   Traveler ◯

| | | |
|---|---|---|
| 직 원 | | 더 필요한 것 있으세요? |
| 여행자 | | 아이스 아메리카노 한 잔과 스콘도 주세요. 그게 다예요. |
| 직 원 | Ⓐ | 여기서 드시나요, 아니면 가지고 가시나요? |
| | Ⓑ | 여기서 드시나요, 아니면 가지고 가시나요?. |
| 여행자 | Ⓐ | 여기서 먹을게요. 머그잔에 주시겠어요? |
| | Ⓑ | 가지고 갈게요. 캐리어 받을 수 있나요? |
| 직 원 | | 네, 주문하신 것들은 저 쪽에서 찾아 가실 수 있습니다. |

메아이 헬 퓨?

Staff　May I help you?

아이드 라익 투 모디파이 마이 올덜.

Traveler　I'd like to modify my order.

왓 우쥬 라익 투 모디파이?

Staff　What would you like to modify?

렛 미 겟 어 컵케익 인스테드 옵 더 스콘.

Traveler Ⓐ Let me get a cupcake instead of the scone.

렛 미 겟 언 어메리카노 인스테드 옵 더 카페 라테.

Ⓑ Let me get an Americano instead of the cafe latte.

노 프라블럼. 캔 유 웨잇 어 퓨 세컨즈?

Staff　No problem. Can you wait a few seconds?

예스, 땡스 어랏.

Traveler　Yes. Thanks a lot.

역할 교체 연습　Staff ✓　Traveler ⋯

직　원　무엇을 도와 드릴까요?
여행자　주문을 변경하고 싶습니다.
직　원　어떻게 변경해 드릴까요?
여행자 Ⓐ 스콘 대신 컵케이크로 주세요.
　　　 Ⓑ 라떼 대신 아메리카노로 주세요.
직　원　그럼요. 잠시만 기다려 주시겠어요?
여행자　네. 감사합니다.

## 쓰며 익히기

**Dictation!** 녹음을 듣고 빈칸을 채워 문장을 완성해 보세요.  🔊 MP3 10-10

1 Can I help the next _____?

2 I'd like a _____.

3 Would you like it hot _____?

4 Can you make the _____?

5 I'd like to use oat milk as a _____.

6 Let me _____ an iced Americano.

7 What would you like to _____?

8 Let me get a cupcake _____ the scone.

| 1 customer | 2 cafe latte | 3 or iced | 4 coffee strong |
|---|---|---|---|
| 5 substitute | 6 also get | 7 modify | 8 instead of |

# 05 말하며 다지기

**Practice!** 힌트를 참고하여 다음 문장을 영어로 말해 보세요.

1 무엇으로 드릴까요?

2 뜨거운 것으로 주세요.

3 여기서 드시고 싶으세요, 아니면 가져가고 싶으세요?

4 머그잔에 주시겠어요?

5 캐리어 받을 수 있나요?

6 주문을 변경하고 싶습니다.

7 차가운 커피 대신 뜨거운 커피로 주세요.

8 잠시만 기다려 주시겠어요?

**Hint**

get for you

hot

for here / to go

in a mug

carrier

modify

instead of

a few seconds

**Expression!** 주어진 상황에 적절한 영어 문장을 말해 보세요.

1 샷 추가를 해 줄 수 있는지 물어봅니다.

2 큰 사이즈로 달라고 말합니다.

3 테이크아웃을 하겠다고 말합니다.

127

**01** 필수 단어

1 대용품 substitute  2 운반 용기 carrier  3 물론이다 absolutely

4 차가운 iced  5 이용 가능한 available  6 변경하다 modify

7 추가(여분)의 extra  8 ~ 대신에 instead of

**05** 말하며 다지기

Practice!

1 What can I get for you?

2 I'd like it hot.

3 Do you want this for here or to go?

4 Could I have it in a mug?

5 Can I get a carrier, please?

6 I'd like to modify my order.

7 Let me get hot coffee instead of iced coffee.

8 Can you wait a few seconds?

Expression!

1 Can you add an extra shot?

2 Let me get a large size.

3 I'll take them to go.

# 세계 여러 나라들의
## 서비스 이용료(팁) 문화 비교

한국에서는 팁 개념이 다소 낯설지만 세계 여러 나라에서는 팁을 주는 것이 하나의 문화로 자리잡고 있습니다. 각 국가의 팁 문화는 다양하며 일반적인 룰이 있다고 하기는 어렵습니다. 여행을 다닐 때에는 그 국가나 지역의 관행에 따라 예의를 지키며 팁을 결정하는 것이 중요합니다.

|  |  |
|---|---|
| 🇺🇸 미국<br>🇨🇦 캐나다 | 사람이 제공하는 거의 모든 서비스에 팁을 지불합니다.<br>• 레스토랑: 음식값의 18~25%<br>• 카페 및 바: 음료 가격의 10%<br>• 택시: 요금의 10~15% |
| 🇬🇧 영국 | 레스토랑이나 카페에서는 서비스 이용료가 보통 음식 가격에 포함되어 있는데, 그렇지 않은 경우에는 별도로 지불합니다.<br>• 레스토랑 및 카페: 가격의 10~15%<br>• 호텔 포터: 1~2 파운드 |
| 🇮🇹 이탈리아 | 레스토랑, 카페, 호텔 등은 모두 서비스 이용료가 요금에 포함되어 있어서 팁을 지불하지 않아도 됩니다. 다만 택시를 타는 경우 잔돈을 받지 않는 형식으로 팁을 지불하기도 합니다. |
| 🇩🇪 독일<br>🇦🇹 오스트리아 | 일반적으로 서비스 이용료가 요금에 포함되어 있으므로, 별도의 팁을 지불할 필요가 없습니다. |
| 🇦🇺 호주 | 호주에서는 서비스 이용료의 지불이 의무적인 것은 아니지만, 서비스에 만족했을 경우 주는 것이 흔한 관행 중 하나입니다 |

이러한 규칙은 일반적으로 통용되는 경향이지만, 각 상황에 따라 변할 수 있으며 일부 국가에서는 팁이 더 높을 수 있습니다. 영수증에 서비스 가격(Service fee)이 포함되어 있는지 꼼꼼하게 확인하고 팁을 결정하도록 하세요!

# CHAPTER
# 11

# 관광

## 필수 단어

🔊 MP3 11-01

머스트 씨
# must-see 꼭 봐야 하는
Do you know any must-see places?
이 도시에서 꼭 봐야 하는 곳들을 아세요?

어트렉션
# attraction 명소
Do you know any tourist attractions?
이 도시에 있는 관광 명소를 아세요?

웰노운
# well known 잘 알려진
Bangkok is well known for the Grand Palace.
방콕은 왕궁으로 잘 알려져 있습니다.

인클루드
# include 포함하다
What's included in the city tour?
시티 투어에 무엇이 포함됩니까?

룩 포월드 투
# look forward to ~를 기대하다
I'm really looking forward to the shrimp dish.
새우 요리가 정말 기대되네요.

마인드
# mind 꺼리다
Do you mind taking a photo for me?
사진 좀 찍어 주실 수 있을까요?

스냅
# snap 사진 찍다
snap a photo
사진을 찍다

펄펙트
# perfect 완벽한
That's perfect!
완벽해요!

---

**Check!** 우리말 뜻과 알맞은 영어 단어를 이어 보세요.

**1** 사진 찍다 ●    ● well known
**5** ~를 기대하다 ●    ● perfect

**2** 포함하다 ●    ● snap
**6** 꼭 봐야 하는 ●    ● mind

**3** 명소 ●    ● include
**7** 꺼려하다 ●    ● look forward to

**4** 잘 알려진 ●    ● attraction
**8** 완벽한 ●    ● must-see

## 핵심 문장

◀)) MP3 11-02

**핵심 문장 1**

두유 노 애니 머스트씨 플레이시스 인 디스 씰이?

# Do you know any must-see places in this city?

이 도시에서 꼭 봐야 하는 곳을 아세요?

히스토릭 사이츠 (유적지)

**Practice & Check**

**historic sites** | 이 도시의 유적지를 아세요?

투얼리스트 어트랙션즈 (관광 명소)

**tourist attractions** | 이 도시의 관광 명소를 아세요?

어트렉티브 로케이션즈 (매력적인 장소)

**attractive locations** | 이 도시의 매력적인 장소를 아세요?

◀)) MP3 11-03

**핵심 문장 2**

캔 유 레코멘드 애니 로컬 푸드?

# Can you recommend any local food?

현지 음식을 추천해 주실 수 있을까요?

로컬 디쉬즈 (현지 음식)

**Practice & Check**

**local dishes** | 현지 음식을 추천해 주실 수 있을까요?

로컬 레스토랑즈 (현지 음식점)

**local restaurants** | 현지 음식점을 추천해 주실 수 있을까요?

머스트-트라이 로컬 푸드 (꼭 먹어 봐야 하는 현지 음식)

**must-try local food** |

꼭 먹어 봐야 하는 현지 음식을 추천해 주실 수 있을까요?

🔊 MP3 11-04

### 핵심 문장 3

왓 타임 더즈 잇 스탈트?

# What time does it start?

몇 시에 시작하나요?

비긴 (시작하다)

**begin** | 몇 시에 시작하나요?

Practice & Check
◯ ◯ ◯

오픈 (열다)

**open** | 몇 시에 오픈하나요?

◯ ◯ ◯

클로즈 (닫다)

**close** | 몇 시에 닫나요?

◯ ◯ ◯

🔊 MP3 11-05

### 핵심 문장 4

두 유 마인드 테이킹 어 폴오 폴 미?

# Do you mind taking a photo for me?

사진 좀 찍어 주실 수 있을까요?

테이킹 어 픽쳘 (사진을 찍다)

**taking a picture** | 사진 좀 찍어 주실 수 있을까요?

Practice & Check
◯ ◯ ◯

스냅핑 어 폴오 (사진을 찍다)

**snapping a photo** | 사진 좀 찍어 주실 수 있을까요?

◯ ◯ ◯

스냅핑 어 픽쳘 (사진을 찍다)

**snapping a picture** | 사진 좀 찍어 주실 수 있을까요?

◯ ◯ ◯

## 03

# 실전 회화

## Dialogue 1 투어 문의

🔊 MP3 11-06

**Staff**
하우 캔 아이 헬퓨?
How can I help you?

**Traveler Ⓐ**
두유 노 애니 머스트-씨 플레이시스 인 디스 씰이?
Do you know any must-see places in this city?

**Ⓑ**
두유 노 애니 히스토릭 사이츠 인 디스 씰이?
Do you know any historic sites in this city?

**Staff**
뱅콕 이즈 웰 노운 폴 더 그랜드 팰러스. 인조이 더 씰이 뷰!
Bangkok is well known for the Grand Palace. Enjoy the city view!

**Traveler**
와츠 인클루디드 인 더 씰이 투얼?
What's included in the city tour?

**Staff**
유윌 씨 뜨리 메이절 투얼리스트 어트렉션즈 인 뱅콕.
You'll see three major tourist attractions in Bangkok.

**Traveler**
댓츠 그뤠잇! 땡큐 폴 디 인폴메이션.
That's great! Thank you for the information.

역할 교체 연습  Staff   Traveler ⦙

| | |
|---|---|
| 직 원 | 무엇을 도와 드릴까요? |
| 여행자 Ⓐ | 이 도시에서 꼭 봐야 하는 곳들을 아세요? |
| Ⓑ | 이 도시의 관광 명소를 아세요? |
| 직 원 | 방콕은 왕궁으로 잘 알려져 있습니다. 도시 풍경을 즐기세요! |
| 여행자 | 시티 투어에 무엇이 포함되나요? |
| 직 원 | 방콕의 대표적인 3대 관광명소를 볼 수 있습니다. |
| 여행자 | 잘 됐네요! 정보 감사해요. |

아이 원 투 트라이 썸띵 뉴.

Traveler **I want to try something new.**

캔 유 레코멘드 애니 로컬 푸드?

Ⓐ **Can you recommend any local food?**

캔 유 레코멘드 애니 로컬 레스토랑즈?

Ⓑ **Can you recommend any local restaurants?**

왓 어바웃 트라잉 크레이지 쉬림프? 잇츠 쉬림프 쿡트 윗 아덜 씨푸드.

Staff **What about trying Crazy Shrimp? It's shrimp cooked with other seafood.**

아임 륄리 룩킹 포월드 투 더 쉬림프 디쉬. 땡스 어 랏.

Traveler **I'm really looking forward to the shrimp dish. Thanks a lot.**

옵콜스.

Staff **Of course.**

역할 교체 연습  Staff ✓   Traveler ⸱

| | |
|---|---|
| 여행자 | 뭔가 새로운 걸 먹어보고 싶어요. |
| Ⓐ | 현지 음식을 추천해 주실 수 있을까요? |
| Ⓑ | 현지 음식점을 추천해 주실 수 있을까요? |
| 직 원 | 크레이지 쉬림프는 어떠세요? 다른 해산물과 같이 나오는 새우 요리입니다. |
| 여행자 | 새우 요리가 정말 기대되네요. 고마워요. |
| 직 원 | 천만에요. |

**Dialogue 3** 티켓 구매  MP3 11-08

**Staff**

하우 캔 아이 헬퓨?
## How can I help you?

**Traveler**

아이 니드 뜨리 티켓츠 폴 투데이즈 오페라.
## I need three tickets for today's opera.

Ⓐ
왓 타임 더즈 잇 스탈트?
## What time does it start?

Ⓑ
왓 타임 더즈 잇 비긴?
## What time does it begin?

**Staff**

더 쇼 스탈츠 엣 식스 피엠.
## The show starts at 6 p.m.

**Traveler**

아이 씨. 아이 니드 뜨리 씻츠 니얼 더 프론트.
## I see. I need three seats near the front.

**Staff**

오, 잇츠 올 솔드 아웃. 하우 어바웃 어 미들 씨트?
## Oh, it's all sold out. How about a middle seat?

**Traveler**

아윌 해브 댓. 땡큐.
## I'll have that. Thank you.

역할 교체 연습 Staff  Traveler ◯

| 직 원 | 무엇을 도와 드릴까요? |
| 여행자 | 오늘 오페라 공연 티켓 3장 주세요. |
| Ⓐ | 몇 시에 시작하죠? |
| Ⓑ | 몇 시에 시작하죠? |
| 직 원 | 공연은 저녁 6시에 시작합니다. |
| 여행자 | 네, 앞 쪽 자리 3개로 주세요. |
| 직 원 | 아, 모두 매진이네요. 중간 쪽 자리는 어떠세요?. |
| 여행자 | 그걸로 할게요. 감사합니다. |

익스큐즈 미.

**Traveler** Excuse me.

두 유 마인드 테이킹 어 폴오 폴 미?

Ⓐ Do you mind taking a photo for me?

두 유 마인드 스냅핑 어 폴오 폴 미?

Ⓑ Do you mind snapping a photo for me?

슈얼. 웨얼 두 유 원 투 테잌 더 픽쳘스?

**Passerby** Sure, where do you want to take the pictures?

오, 저스트 롸잇 히얼 윗 더 팰러스 인 더 백그라운드, 플리즈.

**Traveler** Oh, just right here with the palace in the background, please.

노 프라블럼 앳 올. 쓰리, 투, 원, 치즈!

**Passerby** No problem at all. 3, 2, 1, Cheese!

댓츠 펄펙트. 땡큐 쏘 머치!

**Traveler** That's perfect. Thank you so much!

역할 교체 연습 Passerby  Traveler ⬭

| | |
|---|---|
| 여행자 | 실례합니다. |
| Ⓐ | 사진을 좀 찍어 주실 수 있을까요? |
| Ⓑ | 사진을 좀 찍어 주실 수 있을까요? |
| 행 인 | 물론이죠, 어디서 사진 찍고 싶으신가요? |
| 여행자 | 네, 바로 여기서 뒤에 궁전 배경으로 부탁드릴게요. |
| 행 인 | 물론이죠, 3, 2, 1, 치즈! |
| 여행자 | 완벽하네요. 정말 감사합니다! |

**Dictation!** 녹음을 듣고 빈칸을 채워 문장을 완성해 보세요. 🔊 MP3 11-10

**1** Do you know any _____ places in this city?

**2** What's _____ in the city tour?

**3** You'll see three major tourist _____ in Bangkok.

**4** Can you _____ any local dishes?

**5** I need _____ for today's opera.

**6** It's all _____.

**7** Do you _____ taking a photo for me?

**8** Where do you want to take _____?

| 1 must-see | 2 included | 3 attractions | 4 recommend |
|---|---|---|---|
| 5 three tickets | 6 sold out | 7 mind | 8 the pictures |

## 말하며 다지기

**Practice!** 힌트를 참고하여 다음 문장을 영어로 말해 보세요.

**Hint**

1 이 도시에 있는 유적지를 아세요?

historic sites

2 방콕은 왕궁으로 잘 알려져 있습니다.

well known

3 뭔가 새로운 걸 먹어보고 싶어요.

something new

4 현지 음식을 추천해 주실래요?

local food

5 새우 요리가 정말 기대되네요.

looking forward to

6 무엇을 도와드릴까요?

help

7 공연은 저녁 6시에 시작합니다.

at 6 p.m

8 완벽하네요. 정말 감사합니다!

perfect

**Expression!** 주어진 상황에 적절한 영어 문장을 말해 보세요.

1 여행 정보를 알려 주신 것에 대해 고마움을 표현합니다.

2 현지 음식점 추천을 요청합니다.

3 (공연이) 몇 시에 시작하는지 물어봅니다.

# 바로바로 정답 확인

## 01 필수 단어

1 사진 찍다 snap  2 포함하다 include  3 명소 attraction

4 잘 알려진 well known  5 ～를 기대하다 look forward to

6 꼭 봐야 하는 must-see  7 꺼려하다 mind  8 완벽한 perfect

## 05 말하며 다지기

**Practice!**

1 Do you know any historic sites in this city?

2 Bangkok is well known for the Grand Palace.

3 I want to try something new.

4 Can you recommend any local food?

5 I'm really looking forward to the shrimp dish.

6 How can I help you?

7 The show starts at 6 p.m.

8 That's perfect. Thank you so much!

**Expression!**

1 Thank you for the information.

2 Can you recommend any local restaurants?

3 What time does it start?  / What time does it begin?

# 박물관, 미술관 관람 시 유용한 팁과 표현

해외여행을 하다 보면 유명 박물관이나 미술관을 방문하는 경우가 있습니다. 들뜬 마음을 안고 찾아 갔는데 입장이 불가하다면 곤란하겠지요. 박물관 또는 미술관을 관람할 때 체크해야 할 사항과 유용한 표현들에 대해 알아봅시다.

### 정기 휴관일 및 개폐관 시간 확인하기

공식 홈페이지나 구글 맵 등 인터넷을 이용해 정기 휴관일을 미리 확인하도록 하세요. 또한 개관/폐관 시간도 요일에 따라 다르기 때문에 사전 확인이 꼭 필요합니다.

### 한국어 설명서 요청하기

만약 설명을 듣고자 하신다면 직원에게 한국어 지원 headset(헤드셋)이 있는지 물어보세요. 안내 책자를 원하신다면 brochure(브로셔)로 바꿔 질문할 수 있습니다.

**한국어 헤드셋 / 한국어 책자가 있나요?**
Are there any Korean (headsets / brochures)?
알 데얼 애니 코리안 (헤드셋츠 / 브로셜즈)?

### 사진 촬영 허락 구하기

박물관이나 전시관에서는 작품 보호 차원에서 사진을 허용하지 않는 경우도 많으므로, 사진을 찍고 싶다면 반드시 먼저 아래와 같이 물어보세요!

**여기 사진을 찍어도 되나요?**
Can I take a picture here?
캔 아이 테익 어 픽쳘 히얼?

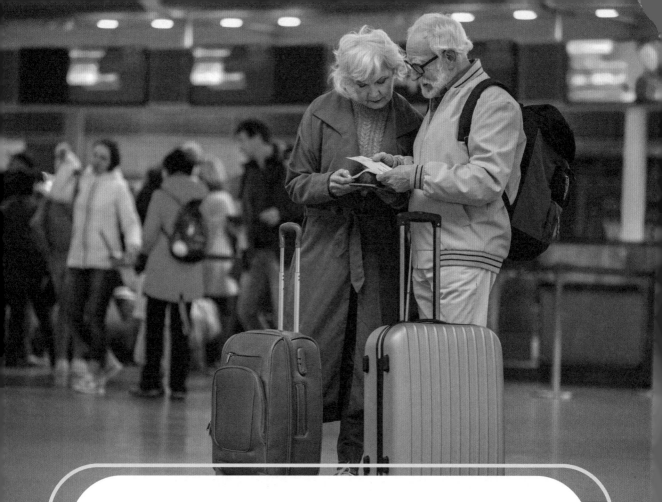

# CHAPTER
# 12

# 공항

## 01

## 필수 단어

🔊 MP3 12-01

패스폴트
# passport 여권
May I see your passport?
여권을 보여 주시겠습니까?

아일 씻
# aisle seat 통로석
I'd like an aisle seat, please.
통로석으로 주세요.

리퀘스트
# request 요청하다
May I request something?
뭐 좀 요청 드려도 될까요?

이멀전시 엑싯
# emergency exit 비상구
Where is the emergency exit?
비상구는 어디에 있습니까?

캐리온 아잍엠
# carry-on item 기내 휴대품
Do you have any carry-on items?
기내 휴대품이 있으십니까?

플레이스
# place 놓다, 두다
place books on a desk
책을 책상 위에 두다

멭얼 디텍털
# metal detector 금속 탐지기
Step through the metal detector.
금속 탐지기 사이로 걸어오십시오.

팻 다운
# pat-down 몸수색
I'll need to perform a quick pat-down.
간단한 전신 수색을 할게요.

Check! 우리말 뜻과 알맞은 영어 단어를 이어 보세요.

1 여권 ● ● request

2 요청하다 ● ● pat-down

3 비상구 ● ● passport

4 몸수색 ● ● emergency exit

5 통로석 ● ● carry-on item

6 기내 휴대품 ● ● metal detector

7 놓다, 두다 ● ● place

8 금속 탐지기 ● ● aisle seat

# 핵심 문장

MP3 12-02

핵심
문장
1

메아이 씨 유얼 패스포트?

## May I see your passport?

여권을 보여 주시겠어요?

---

캔 아이 씨 (제가 볼 수 있을까요?)

**Practice & Check**

Can I see | 여권을 보여 주시겠어요?

캔 아이 해브 (제가 가질 수 있을까요?)

Can I have | 여권을 보여 주시겠어요?

우드 잇 비 오케이 윗 유 이프 아이 씨 (혹시 제가 봐도 괜찮으실까요?)

Would it be okay with you if I see |

혹시 제가 당신의 여권을 봐도 괜찮으실까요?

MP3 12-03

핵심
문장
2

아이드 라잌 언 아일 씻, 플리즈.

## I'd like an aisle seat, please.

통로석으로 주세요.

---

아이드 프리펄 (저는 선호해요)

**Practice & Check**

I'd prefer | 통로석으로 주세요.

메아이 리퀘스트 (요청해도 될까요?)

May I request | 통로석을 요청드려도 될까요?

캔 아이 해브 (~을 가질 수 있을까요?)

Can I have | 통로석을 얻을 수 있을까요?

**핵심 문장 3**

두 유 해브 애니 체크 인 배기지?

# Do you have any check-in baggage?

부칠 짐이 있으신가요?

이즈 데얼 (~이 있나요?)

## Is there | 부칠 짐이 있으신가요?

Practice & Check

알 유 캘리잉 (~을 가지고 있나요?)

## Are you carrying | 부칠 짐을 가지고 계신가요?

알유 트레블링 윗 (~을 가지고 여행 중이신가요?)

## Are you traveling with | (부칠) 짐을 가지고 여행 중이신가요?

**핵심 문장 4**

쿠쥬 플리즈 플레이스 유얼 캐리온 아일엠즈 인 더 빈?

# Could you please place your carry-on items in the bin?

기내 휴대품을 바구니 안에 두시겠어요?

쿠쥬 카인들리 플레이스 (~에 두시겠어요?)

## Could you kindly place |

Practice & Check

기내 휴대품을 바구니 안에 두시겠어요?

우쥬 마인드 풀잉 (~에 두시겠어요?)

## Would you mind putting |

기내 휴대품을 바구니 안에 두시겠어요?

**Dialogue 1** 체크인

 MP3 12-06

**Staff**
굿 몰닝. 웨얼 알 유 플라잉 투데이?
Good morning. Where are you flying today?

**Traveler**
헬로. 아임 플라잉 투 서울.
Hello. I'm flying to Seoul.

**Staff** Ⓐ
메아이 씨 유얼 패스폴트 앤 티켓, 플리즈?
May I see your passport and ticket, please?

Ⓑ
캔 아이 씨 유얼 패스폴트 앤 티켓, 플리즈?
Can I see your passport and ticket, please?

**Traveler**
익스큐즈 미, 캔 유 세이 잇 어게인, 플리즈?
Excuse me, can you say it again, please?

**Staff**
캔 아이 씨 유얼 패스폴트 앤 티켓, 플리즈?
Can I see your passport and ticket, please?

**Traveler**
히얼 유 알.
Here you are.

**Staff**
땡큐. 인조이 유얼 플라잇.
Thank you. Enjoy your flight.

역할 교체 연습  Staff   Traveler ◯

| | | |
|---|---|---|
| 직 원 | | 좋은 아침입니다. 오늘 어디로 가십니까? |
| 여행자 | | 안녕하세요. 저는 서울로 갑니다. |
| 직 원 | Ⓐ | 여권과 비행기표 좀 보여 주시겠어요? |
| | Ⓑ | 여권과 비행기표 좀 보여 주시겠어요? |
| 여행자 | | 실례합니다만, 다시 말씀해 주시겠어요? |
| 직 원 | | 여권과 비행기표 좀 보여주시겠어요? |
| 여행자 | | 여기 있습니다. |
| 직 원 | | 감사합니다. 즐거운 비행 되세요. |

**Staff**
우쥬 라익 어 윈도우 씻 오얼 언 아일 씻?
Would you like a window seat or an aisle seat?

**Traveler Ⓐ**
아이드 라익 언 아일 씻, 플리즈.
I'd like an aisle seat, please.

Ⓑ
아이드 프리펄 언 아일 씻, 플리즈.
I'd prefer an aisle seat, please.

Ⓒ
메아이 리퀘스트 언 아일 씻, 플리즈?
May I request an aisle seat, please?

두 유 해브 애니 씻츠 윗 엑스트라 레그룸?
Do you have any seats with extra legroom?

**Staff**
왓 어바웃 언 아일 씻 바이 디 이멀전시 엑싯? 데얼즈 원 어베일러블.
What about an aisle seat by the emergency exit? There's one available.

**Traveler**
아윌 테이킷. 땡큐.
I'll take it. Thank you.

역할 교체 연습  Staff ✓  Traveler ⬭

| | | |
|---|---|---|
| 직 원 | | 창가석, 통로석 어디로 드릴까요? |
| 여행자 | Ⓐ | 통로석으로 주세요. |
| | Ⓑ | 통로석으로 주세요. |
| | Ⓒ | 통로석을 요청드려도 될까요? |
| | | 다리 공간이 넓은 좌석이 있을까요? |
| 직 원 | | 비상구 옆쪽에 있는 통로석은 어떠세요? 거기는 한 자리가 가능합니다. |
| 여행자 | | 그 자리로 할게요. 감사합니다. |

## Dialogue 3 수화물 접수

 MP3 12-08

**Staff**
두 유 해브 애니 체크 인 배기지?
Do you have any check-in baggage?

**Traveler**
예스, 원 백.
Yes. One bag.

**Staff**
쿠쥬 풋 잇 온 더 스케일스?
Could you put it on the scales?

**Traveler**
오케이.
OK.

**Staff**
댓츠 파인. 두 유 해브 애니 핸드 러기지?
That's fine. Do you have any hand luggage?

**Traveler**
예스, 디스 스몰 백.
Yes, this small bag.

**Staff**
플리즈 필 아웃 디스 네임 택 폴 유얼 백.
Please fill out this name tag for your bag.

**Traveler**
올라잇. 땡스.
All right. Thanks.

역할 교체 연습 Staff  Traveler ⊙

| | |
|---|---|
| 직 원 | 보내실 짐이 있으신가요? |
| 여행자 | 네. 가방 하나가 있어요. |
| 직 원 | 그것을 저울에 올려 주시겠어요? |
| 여행자 | 네. |
| 직 원 | 좋습니다. 기내용 수화물이 있으세요? |
| 여행자 | 네, 이 작은 가방입니다. |
| 직 원 | 좋습니다. 가방에 붙일 이름표를 작성해 주세요. |
| 여행자 | 알겠습니다. 감사합니다. |

**보안 검색**  MP3 12-09

**Staff**
굿 몰닝, 쿠쥬 플리즈 플레이스 유얼 캐리온 아일엠즈 인 더 빈?
Good morning. Could you please place your carry-on items in the bin?

**Traveler**
옵콜스.
Of course.

**Staff**
스텝 뜨루 더 멭얼 디텍털, 암스 레이즈드, 플리즈.
Step through the metal detector, arms raised please.

———— (Beep! Beep!) ————

**Staff**
아윌 저스트 펄폼 어 퀵 팻다운. 이즈 댓 오케이 윗 유?
I'll just perform a quick pat-down. Is that okay with you?

**Traveler**
예스. 댓츠 파인.
Yes, that's fine.

**Staff**
올 클리어. 땡큐 폴 유얼 코오퍼레이션.
All clear. Thank you for your cooperation.

역할 교체 연습  Staff ⊘  Traveler ⊘

| | |
|---|---|
| 직 원 | 좋은 아침입니다. 기내 휴대품을 바구니 안에 두시겠어요? |
| 여행자 | 물론이죠. |
| 직 원 | 금속 탐지기 사이로 걸어오십시오. 팔은 올려 주시고요. |
| | (삑! 삑! 경고음 울리는 소리) |
| 직 원 | 간단한 전신 수색을 진행할텐데, 괜찮으시겠어요? |
| 여행자 | 네. 괜찮습니다. |
| 직 원 | 다 됐습니다. 협조에 감사드립니다. |

149

## 쓰며 익히기

**Dictation!** 녹음을 듣고 빈칸을 채워 문장을 완성해 보세요.   🔊 MP3 12-10

1. Where are you _____ today?

2. May I see your _____ and ticket, please?

3. Would you like a window seat or an _____?

4. Do you have any seats with _____?

5. There's one _____.

6. Do you have any check-in _____?

7. Please _____ this name tag for your bag.

8. I'll just perform a quick _____.

| | | | |
|---|---|---|---|
| 1 flying | 2 passport | 3 aisle seat | 4 extra legroom |
| 5 available | 6 baggage | 7 fill out | 8 pat-down |

**Practice!** 힌트를 참고하여 다음 문장을 영어로 말해 보세요.

1 저는 서울로 갑니다.

2 실례합니다만, 다시 말씀해 주시겠어요?

3 통로석으로 주세요.

4 그것을 저울에 올려 주시겠어요?

5 기내용 수화물이 있으세요?

6 금속 탐지기 사이로 걸어오십시오.

7 괜찮으시겠어요?

8 협조에 감사드립니다.

**Hint**

flying

say it again

aisle seat

scales

hand luggage

metal detector

okay with you

cooperation

**Expression!** 주어진 상황에 적절한 영어 문장을 말해 보세요.

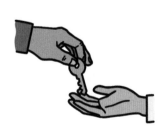

1 물건을 건네주면서 "여기 있습니다."라고 말합니다.

2 공항 직원에게 그 자리를 선택하겠다고 말합니다.

3 즐거운 여행이 되시라고 인사말을 전합니다.

**01** 필수 단어

1 여권 passport  2 요청하다 request  3 비상구 emergency exit

4 몸수색 pat-down  5 통로석 aisle seat  6 기내 휴대품 carry-on item

7 놓다, 두다 place  8 금속 탐지기 metal detector

**05** 말하며 다지기

**Practice!**

1 I'm flying to Seoul.

2 Excuse me. can you say it again. please?

3 I'd like an aisle seat. please. / I'd prefer an aisle seat. please.

4 Could you put it on the scales?

5 Do you have any hand luggage?

6 Step through the metal detector.

7 Is that okay with you?

8 Thank you for your cooperation.

**Expression!**

1 Here you are.

2 I'll take it.

3 Enjoy your flight.

# 다른 나라의 공항을 경유할 때 유용한 표현

비행기를 타고 먼 거리의 나라를 여행하다 보면 다른 나라의 공항을 경유해야 하는 경우가 많습니다. 경유지에서 사용할 수 있는 주요 단어와 표현에는 어떤 것들이 있을까요?

환승하다 → transfer(트렌스펄)

**저는 싱가폴에서 LA 행 비행기로 환승 중입니다.**

## I'm transferring from Singapore to LA.
아임 트랜스펄링 프롬 싱가폴 투 엘에이.

연결편 비행기 → connecting flight(커넥팅 플라잇)

**저는 연결편 비행기를 놓쳤어요.**

## I missed my connecting flight.
아이 미스드 마이 커넥팅 플라잇.

경유하다 → layover(레이오벌) / stopover(스탑오벌)

비행 중에 다른 지역 공항을 경유해서 갈 경우, 이를 layover(레이오벌) 또는 stopover(스탑오벌)이라고 합니다. Layover은 2~3시간 정도의 짧은 경유를 의미하며, stopover은 24시간 이상의 체류를 나타냅니다.

여행 출발 전 이러한 용어와 상황을 미리 숙지해 두시면 여행이 훨씬 수월해집니다.
모두 즐거운 여행 되세요!

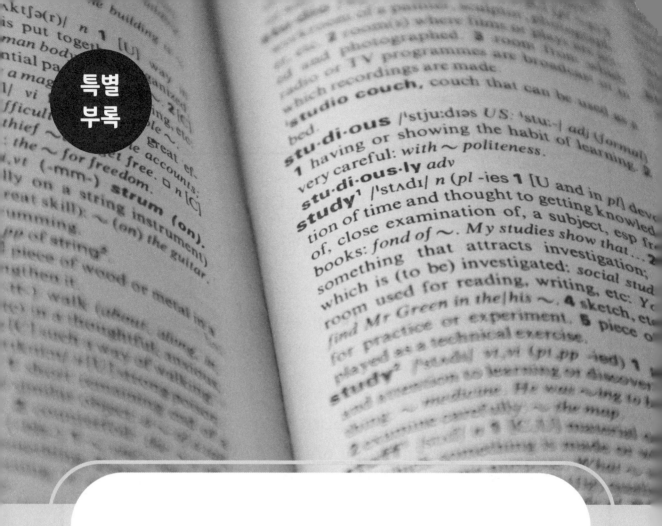

# 바로 찾아 공부하는
# 단어 사전

챕터별로 단어들을 추가 수록하였습니다.
사전처럼 찾아보며 편리하게 학습하세요!

에얼 컨디셔널
**air conditioner** 에어컨

노우
**know** 알다

어나덜
**another** 다른 (것)

밀
**meal** 식사, 끼니

얼라이벌
**arrival** 도착

옵션
**option** 옵션, 선택권

앳
**at** ~에(서)

리부트
**reboot** 재시동하다

비프
**beef** 소고기

리플레이스
**replace** 교체하다, 바꾸다

백
**beg** 간청(애원)하다

리퀘스트
**request** 요청하다

블랭킷
**blanket** 담요

라잇 어웨이
**right away** 즉각, 바로

볼딩
**boarding** (비행기) 탑승

씨트
**seat** 자리, 좌석

브링
**bring** 가져오다, 가져다주다

셀
**sell** 판매하다

엔털테인먼트
**entertainment** 오락물

스탈트
**start** 시작하다

굿즈
**goods** 상품, 제품

트라이
**try** 시도하다, 노력하다

인 플라이트
**in-flight** 기내의

웬
**when** 언제

어 퓨
**a few** 조금, 약간

롱
**long** 긴, 오랜

어바웃
**about** 대략, 약

니얼
**near** 가까운, 근처의

어게인
**again** 한 번 더, 다시

나이트
**night** 밤, 야간

앤트
**aunt** 이모, 숙모

스테이
**stay** 머물다

베스트
**best** 제일 좋은

유에스에이
**U.S.A.** 미국(United States of America)

케임
**came** 왔다(come의 과거형)

비짓
**visit** 방문(하다)

칠드런
**children** 아이들

위크
**week** 주, 일주일

쿠드
**could** ~해 주실래요?

웨얼
**where** 어디에, 어디에서

익스큐즈 미
**Excuse me** 뭐라고요?

후
**who** 누구

히얼
**here** 여기(에)

와이
**why** 왜, 어째서

하우
**how** 얼마나, 어떻게

윌
**will** ~할(일) 것이다

허즈밴드
**husband** 남편

위드
**with** ~와 함께

D-03

어랏옵
**a lot of** 많은

마이셀프
**myself** 나 자신

씥이 캡
**city cab** 시내 택시

니드
**need** 필요로 하다

컨버러블
**convertible** 오픈카

넥스트 투
**next to** 바로 옆에

데스티네이션
**destination** 목적지, 도착지

아웃사이드
**outside** 바깥, 밖

플라이트
**flight** 항공편, 항공기

프라버블리
**probably** 아마

풀 사이즈
**full-size** (자동차) 대형의

프라블롬
**problem** 문제

헤딩
**heading** 가다, 향하다

레귤럴
**regular** 일반적인, 보통의

룩킹 폴
**looking for** 찾다, 구하다

라잇
**right** 바로, 정확히

메인 도얼
**main door** 정문

숫케이스
**suitcase** 캐리어, 여행 가방

매니
**many** 많은

위치
**which** 어느, 어떤

맵
**map** 지도

골든 게잇 브릿지
**Golden Gate Bridge**
금문교(샌프란시스코 시와 마린 반도를
잇는 다리, 2,825m)

머먼트
**moment** 잠깐, 잠시, 순간

에얼포트
**airport** 공항

인스테드 오브
**instead of** ~대신에

올쏘
**also** 또한, 게다가

미닛
**minute** 분(시간)

에니웨이
**anyway** 어쨌든, 여하튼

퀵키스트
**quickest** 가장 빠른

에어리어
**area** 제일 좋은

루트
**route** 길, 경로

어라운드
**around** 약, 대충

세이브
**save** 아끼다, 절약하다

비코우즈
**because** ~때문에

세컨드
**second** 두 번째의

바이
**by** ~로(방법, 수단)

샵
**shop** 가게, 상점

디렉션
**direction** 방향

숄트 라이드
**short ride** (자동차로 가는) 짧은 거리

익스플레인
**explain** 설명하다

스테이션
**station** 역, 정거장

패스티스트
**fastest** 가장 빠른

서브웨이
**subway** 지하철

겟 투
**get to** ~에 도착하다

턴
**turn** (방향을) 바꾸다

고 오벌
**go over** ~을 건너다(넘다)

언틸
**until** ~까지

빌
**bill** (식당의) 계산서

브랙퍼스트
**breakfast** 조식(아침 식사)

썰튼리
**certainly** (대답 시) 물론이죠

찰지
**charge** 청구하다

크레딧 칼드
**credit card** 신용카드

엑스트라
**extra** 여분의, 추가의

픽스
**fix** 수리하다

플로어
**floor** (건물의) 층

폼
**form** 양식, 서식

해프닝
**happening** 일, 사건

인클루디드
**included** 포함된, 함유된

인터렉션
**interaction** 상호 작용, 소통

올덜
**order** 주문하다

페이
**pay** 지불하다, 내다

리피트
**repeat** 반복하다

레절베이션
**reservation** 예약

스테프
**staff** 직원

스테이
**stay** 머무르다

톹얼
**total** 합계

타월
**towel** 수건

언덜
**under** (~라는 이름)으로

웨이트
**wait** 기다리다

D-06

빌로우
**below** (~보다) 아래에

마인드
**mind** 마음, 언짢아하다

브라운
**brown** 갈색

패키지
**package** 소포, 포장물

친
**chin** 턱

픽업
**pick up** ~을 찾다(찾아오다)

클린
**clean** 닦다, 청소하다

폴리쉬
**polish** 닦다, 광을 내다

코스트
**cost** 값, 비용

뤠디
**ready** 준비가 되다

컷 오프
**cut off** ~을 자르다

리페얼
**repair** 수리하다

딜리벌
**deliver** 배달하다

스캔
**scan** (스캐너로) 스캔하다

다큐먼트
**document** 서류, 문서

섐푸
**shampoo** 샴푸(하다)

헤얼컷
**haircut** 머리 깎기

숄덜
**shoulder** 어깨

진스
**jeans** 청바지, 면바지

스텝
**step** 걸음, 걷다

렝뜨
**length** 길이

덴
**then** 그때

랩탑
**laptop** 노트북

디즈
**these** 이것들(this의 복수형)

D-07

어라운드
**around** 주위에, 사방에

마잇 비
**might be** ~일지도 모른다

빌리브
**believe** 믿다, ~라고 생각하다

미스테이크
**mistake** 실수, 잘못

비걸
**bigger** 더 큰

뉴 원
**new one** 새것

디스카운트
**discount** 할인(하다)

오프
**off** 할인되다

에럴
**error** 실수, 오차

오벌
**over** ~쪽에, ~쪽으로

프리
**free** 무료의

프로덕트
**product** 상품, 제품

겟
**get** 받다, 얻다

륄리
**really** 정말로, 진짜로

이슈
**issue** 문제, 논쟁 사안

세프러틀리
**separately** 따로, 별도로

아일엠
**item** 물품, 항목

스몰럴
**smaller** 더 작은

레이럴
**later** 나중에, 후에

썸띵
**something** 어떤 것, 무엇

렛
**let** ~하게 하다

테익 케얼 오브
**take care of** ~을 처리하다

메이비
**may be** 아마, 어쩌면

렁
**wrong** 틀린, 잘못된

올 쎗
**all set** (마무리가) 다 됐다

파서블
**possible** 가능한

에즈 롱 에즈
**as long as** ~하는 한

프리펄
**prefer** 선호하다

캐시
**cash** 현금

프로세스
**process** 처리하다

디프런트
**different** 다른, 차이가 나는

리씨트
**receipt** 영수증

엘스
**else** 다른 (것)

센서티브
**sensitive** 예민한, 민감한

파운드
**found** 찾았다(find의 과거형)

스트롱
**strong** 강한

미디움
**medium** 중간의

택
**tag** 택, 꼬리표

미트
**meet** 충족시키다, 만나다

토널
**toner** 토너(스킨)

마일드
**mild** 순한, 가벼운

타입
**type** 유형, 종류

모이스트
**moist** 촉촉한

언유즈드
**unused** 사용하지 않은

놀멀
**normal** 보통의

오일리
**oily** 기름진

D-09

어 빗
**a bit** 조금, 약간

레절베이션
**reservation** 예약

올 롸잇
**all right** 괜찮다, 훌륭하다

레스토랑
**restaurant** 식당, 레스토랑

북
**book** 예약하다

슬라잇리
**slightly** 약간, 조금

칼보나라
**Carbonara** 까르보나라

스페셜
**special** 특별한 (것)

디널
**dinner** 저녁 식사

스파이시
**spicy** 매운

드링크
**drink** 마시다, 음료

스팟
**spot** 장소, 자리

메뉴
**menu** 메뉴

테이블
**table** 식탁, 테이블

모스트
**most** 가장, 최고

테이스트
**taste** 맛

낫띵
**nothing** 조금도 ~않다(없다)

투마로
**tomorrow** 내일

누들즈
**noodles** 면 요리

웰던
**well done** 완전히 익힌

페얼 웰 위드
**pair well with** ~와 잘 어울리다

우드 비
**would be** ~일 것이다

파스타
**pasta** 파스타(이탈리아 면 요리)

D-10

에드
**add** 더하다

립 아웃
**leave out** 빼다, 생략하다

애니띵
**anything** 무엇, 어떤 것

메이크
**make** 만들다, 제조하다

크림
**cream** 크림

올밀크
**oat milk** 귀리 우유

컵케익
**cupcake** 컵케이크

오얼
**or** 또는, 혹은

커스토멀
**customer** 손님, 고객

샐러드
**salad** 샐러드

머그
**mug** 머그잔

스콘
**scone** 스콘(작고 동그란 빵)

플레이벌
**flavor** 맛, 풍미

세컨드
**second** 초(시간 단위)

프라이드
**fried** 튀긴 (것)

샷
**shot** 한 잔

프라이즈
**fries** 감자 튀김

스트롱걸
**stronger** 더 강한(진한)

그릴드
**grilled** 구운 (것)

슈걸
**sugar** 설탕

저스트
**just** 그저, 단지

슈얼
**sure** 그래요(의뢰나 질문의 대답)

랄지
**large** 큰, (양이) 많은

씨럽
**syrup** 시럽(음료 첨가용)

D-11

어트렉티브
**attractive** 매력적인

메이절
**major** 중요한, 주요한

백그라운드
**background** 배경

미들
**middle** 중간, 가운데

뱅콕
**Bangkok** 방콕(태국의 수도)

오페라
**opera** 오페라, 가극

비긴
**begin** 시작하다

플레이스
**place** 장소

씥이 투얼
**city tour** 시내 여행

씨푸드
**seafood** 해산물

쿡
**cook** 요리하다

쉬림프
**shrimp** 새우

디쉬
**dish** 요리, 접시

사이트
**site** (도시, 건물 등의) 위치

프론트
**front** 앞면, 앞 쪽의

솔드 아웃
**sold out** 매진되다

히스토릭
**historic** 역사적인

투얼리스트
**tourist** 관광객

인폼메이션
**information** 정보

뷰
**view** 경치, 전망

로컬
**local** 현지의, 지역의

그랜드 팰러스
**Grand Palace**
태국 방콕의 왕궁(라마 1세부터 역대 국왕들이 살았던 왕궁으로 궁전, 집무실, 사원 등으로 이루어져 있음)

로케이션
**location** 장소, 위치

D-12

올 클리얼
**all clear** 경보 해제되다

애니
**any** 어느, 어떤

암
**arm** 팔

배기지
**baggage** (항공) 수화물

빈
**bin** (뚜껑 딸린) 상자, 바구니

바이
**by** 옆에

코오퍼레이션
**cooperation** 협조, 협력

인조이
**enjoy** 즐기다, 누리다

파인
**fine** 좋다, 괜찮다

플라이트
**flight** 비행, (비행기) 여행

플라이 투
**fly to** ~까지 비행기로 가다

핸드 러기지
**hand luggage** 기내용 수화물

카인들리
**kindly** 친절하게, 친절한

레그룸
**legroom** 다리 공간

네임 택
**name tag** 이름표

옵콜스
**of course** 물론이다

오케이
**okay** 좋다, 괜찮다(=OK)

펄폼
**perform** 진행하다, 실시하다

풋
**put** 놓다, 두다

퀵
**quick** 빠른, 신속한

레이즈
**raise** 들어올리다

스케일스
**scales** 저울

뜨루
**through** ~을 통해서, ~사이로

윈도우 씻
**window seat** 창가석

# 입국 신고서 작성 Tip

해외로 여행을 가면 공항을 나오기 전에 입국 신고서를 제출해야 하는데, 신고서는 주로 기내에서 승무원이 미리 나누어 줍니다. 갑자기 낯선 외국어로 신고서를 작성해야 한다면 크게 당황할 수도 있는데요, 입국 신고서 작성에 관한 Tip을 알려 드립니다.

∨ 필요한 문서 및 정보를 미리 확인하기!

입국 신고서를 작성하기 전에 행하는 국가의 입국 요건을 확인해 보고, 필요한 문서나 정보를 준비해야 합니다. 백신 접종 증명서, 건강 상태 확인서 등이 포함될 수 있습니다.

∨ 필기구 준비하기!

필기구를 미리 준비하여 기내에서도 편리하게 신고서를 작성하세요. 기내에서 개인 필기구는 제공하지 않기 때문에, 볼펜이나 연필을 가지고 있는 것이 좋습니다. 혹시 깜빡하셨다면 승무원에게 필기 도구를 요청할 수도 있답니다.

∨ 기내에서 여권과 비행기 티켓은 몸에 소지하기!

입국 신고서 안에는 여행자의 여권 번호와 여권 발행 날짜 그리고 비행기편명을 기입하는 칸이 있습니다. 만약 여권과 티켓을 기내 수화물 속에 넣어 둔다면 정보 확인을 위해 수화물에서 꺼내어 확인해야 하는 번거로움이 발생합니다.

# 미리 보는 입국 신고서

입국 신고서는 나라별로 조금씩 다를 수는 있으나 주요 항목들은 대체로 비슷합니다. 공통적인 단어들을 미리 알아 두면 신속하게 작성하는 데 큰 도움이 됩니다.

| 항목 | 뜻&기재 방법 | 예시 |
|---|---|---|
| Family(Last/Sure) mame | 성 | Park |
| First(Given) name | 이름 | Junghyun |
| Birth date | 생년월일<br>– Y(연도) M(월) D(일) | |
| Male / Female | 남자/여자<br>– Male(M) 남자<br>– Female(F) 여자 | |
| Country of birth | 출생 국가/국적 | South Korea |
| Citizenship | 출생 도시 | Seoul |
| Occupation | 직업 | student<br>office worker |
| Passport number | 여권 번호 | |
| Place of issue | 여권 발행지 | South Korea |
| Date of issue | 여권 발행일 | |
| Adress abroad | 외국 주소(한국 거주지) | |
| Adress in the OO | 방문 국가 체류 장소<br>– 숙소 이름 기입 | Hilton hotel<br>Four Seasons hotel |
| Flight number | 입국 비행기 편명<br>– 탑승권 확인 | |
| Arrival date | 입국일 | |
| Departure date | 출국일 | |
| traveling in package tour | 단체 여행 여부<br>– 그룹: Yes  개인: No | |
| Length of stay | 체류 기간 | a week / four days |
| Main purpose of travel | 방문 목적 | sightseeing<br>business<br>vacation |
| Signature | 자필 서명 | |

# 동양북스 채널에서 더 많은 도서
# 더 많은 이야기를  만나보세요!

▶ 유튜브

인스타그램

blog 블로그

포스트

f 페이스북

카카오뷰

외국어 출판 45년의 신뢰
외국어 전문 출판 그룹
동양북스가 만드는 책은 다릅니다.

45년의 쉼 없는 노력과 도전으로 책 만들기에 최선을 다해온
동양북스는 오늘도 미래의 가치에 투자하고 있습니다.
대한민국의 내일을 생각하는 도전 정신과 믿음으로 최선을 다하겠습니다.

📖 동양북스